「できる人事」と「ダメ人事」の習慣

希望してない人事部に配属された私がスペシャリストになれた理由

曽和利光
sowa toshimitsu

はじめに

私は、大学を卒業してリクルートという会社に入社しました。その同期の中で私が人事部に配属されたのは、おそらく「人事としての素質がある」と見込まれたからではありません。

単に入社前の内定者アルバイトなどで「こいつは営業にも向かないし、他の部署は人が足りているし、じゃあ人事にでも入れておこうか」程度の、いわば偶然の配属だったと思います。

しかし私の性に合っていたのか、その後約20年、私は人事業務に携わっています。リクルートでは最終的に採用の責任者にまでしてもらいました。その後も、後に上場することになる成長企業だったライフネット生命保険や不動産のオープンハウスなどで経験を積ませていただきました。

そして、２０１１年に「もっと多くの会社の組織力向上をサポートしたい」という思いから、（株）人材研究所という会社を立ち上げ、独立したのです。

一言に「人事」といっても、その中にはさまざまな業務があります。採用・配属・育成・評価など……。

他人の生活・将来に直接関わる業務ですから、人事部の仕事は傍目に見るほど楽なものではありません。人事は給与や配属に携わることから、社内で「権力者」と見なされることも多く、私も同僚に警戒されたり羨ましがられたり、「本当は違うのに！」と寂しくなったことも多々あります。

人事の仕事は、経理や法務などの他の事務系専門職と比べると、ややとっつきやすい、想像しやすい仕事なせいか、特別な知識などは必要なく、ポテンシャルだけでなんとかやっていけると思われがちです。私も最初はそう思っていました。

ところが、すぐにそれは勘違いであると分かりました。

例えば、面接ひとつとっても、「普通に学生と話をしたらいいんだろう」と高をくくっていたのですが、いざ新卒採用などで学生と対峙すると、何を聞いていいかまったく分かりません。

最初のうちは面接担当の自分のほうが、頭が真っ白になり、しどろもどろに変な質問をしていたように思います。

また、質問に加えて、話を聞くということも実は難しいことでした。学生が「僕は、塾講師で○○を頑張ってきました」と一言言っただけで、塾講師の経験があった私は、つい「それって、○○だよね。○○が大変だったのではないですか？」などと、学生が言ってもいないことを話し始めてしまいます。それを学生が受けて「はい、そうです」と答えると、「いい奴だ」と判断していました。

同席していた先輩に、「学生は『はい、そうです』しか言ってないじゃないか。おまえが話すんじゃなくて、ちゃんと聞け」とたしなめられました。普通に聞くことすら、難しいことだったのです。

これは一例ですが、私は若い頃、こんな風に「ダメ人事」で、失敗ばかりしてきました。そこから「できる人事」の先輩たちの技を見たり、自分なりに工夫したりしながらノウハウを磨き、一人前になれたと思っています。今回は、そのようにして今まで積み上げてきた「人事のコツ」を皆さんに伝えたいと思い、本書を書かせていただきました。

さて、本書を読む上で理解しておいていただきたいのは、「人事」イコール「人事部」ではない、ということです。

人事部以外にも、経営者はもちろん、各事業の責任者やチームリーダーも「人事」の仕事に携わっています。人事部の部員だけに限らず、そういった広い意味で「人事」に関わる方々も当事者意識を持って読んで欲しいのです。

本書は、私の経験をベースに、人事における研究や理論を上乗せしてまとめました。広く人事に携わる皆さまにとって、ひとつでも多くのヒントとなることを願っています。

（株）人材研究所　曽和利光

○もくじ　「できる人事」と「ダメ人事」の習慣

はじめに

第1章 ▼▼▼ 人事の心得編

01 できる人事は自己満足を大切にし、
ダメ人事は他人を喜ばせようとする。 20

02 できる人事は命令を聞かず、
ダメ人事は命令に忠実。 24

03 できる人事はルーチンワークを好み、
ダメ人事は嫌がる。 28

04 できる人事は未来を見て、
ダメ人事は過去を見る。 32

05 できる人事はマンガを描き、
ダメ人事は笑ってマンガを読む。 36

06 できる人事は「理論」で動き、
ダメ人事は「持論」で動く。 40

07 できる人事は数字に強く、
ダメ人事は「人は数字では測れない」と言う。 44

第2章 ▼▼▼ 採用・面接編

08 できる人事は人にとにかく会い、
ダメ人事は絞って会う。 50

09 できる人事は採用基準が緩く、
ダメ人事は厳しい。 54

10 できる人事は何をしてきたかを聞き、
ダメ人事は自己ＰＲと志望動機を聞く。 58

11 できる人事は人を見る目に自信がなく、
ダメ人事は自信がある。 62

12 できる人事はバカになり、
ダメ人事は賢く見せる。 66

13 できる人事は面接で自分のことを語り、
ダメ人事は面接で会社のことを語る。 70

14 できる人事はデパートの店員のように振る舞い、
ダメ人事は圧迫面接をする。 74

15 できる人事は欲しい人材を口説かず、
ダメ人事は口説く。 78

16 できる人事は自分でやらず、
ダメ人事は自分でやる。 82

第3章 ▼▼▼ 育成・キャリア編

17 できる人事は個々の悪いところを直さず、
ダメ人事は個々の悪いところを直そうとする。 88

18 できる人事は型にはめ、
ダメ人事は自由にさせる。 92

19 できる人事は研修で人の「心」を動かし、
ダメ人事は人の「頭」を動かす。 96

20 できる人事はコミュニケーションのある研修を行い、
ダメ人事はパワーポイントで研修する。 100
21 できる人事は未経験者を配置し、
ダメ人事は経験者を配置する。 104
22 できる人事は異質なチームをつくり、
ダメ人事は同質なチームをつくる。 108
23 できる人事はその人ができることに着目し、
ダメ人事はその人がしたいことに着目する。 112
24 できる人事は流れに身を任せ、
ダメ人事は未来を予想する。 116

第4章 ▼▼▼ 退職対応編

25 できる人事はリストラを言い渡し、
ダメ人事は退職者を募る。 122

26 できる人事は退職者を卒業生と見て、
ダメ人事は退職者を落ちこぼれと見る。 126

27 できる人事は計算が得意、
ダメ人事は苦手。 130

28 できる人事は人が辞めることを嘆かず、
ダメ人事は辞めないように奔走する。 134

29 できる人事は「よい退職」と「悪い退職」を見分け、
ダメ人事は「悪い退職」への対処を知らない。 138

第5章 ▼▼▼ 評価・報酬編

30 できる人事は腰が重く、ダメ人事はフットワークが軽い。 144
31 できる人事は制度を嫌がり、ダメ人事は制度をつくりたがる。 148
32 できる人事は流行に鈍感、ダメ人事は敏感。 152
33 できる人事はプロセスを評価し、ダメ人事は成果のみを重視する。 156
34 できる人事は給与の「差」に気を遣い、ダメ人事は「絶対額」を大事にする。 160

35 **できる人事は不公平を気にせず、**
ダメ人事は公平にしようとする。 164

36 **できる人事は「思い込み」を大事にし、**
ダメ人事は「事実」だけを大事にする。 168

第6章 ▼▼▼ 組織改革編

37 **できる人事は悪者になり、**
ダメ人事は善人になろうとする。 174

38 **できる人事は小さな成果を大げさに喜び、**
ダメ人事は謙虚に振る舞う。 178

39 **できる人事は事業を人に合わせ、**
ダメ人事は人を事業に合わせる。 182

40 **できる人事は人を組み合わせ、**
ダメ人事は人を変えようとする。 186

41 **できる人事は居心地の悪さを大事にし、**
ダメ人事は居心地のよさのみを大事にする。 190

42 **できる人事は人に任せ、**
ダメ人事は管理する。 194

43 **できる人事はスターのいない組織をつくり、**
ダメ人事はスターに合わせて組織をつくる。 198

第7章 ▼▼▼ ライフスタイル編

44 できる人事は文庫本を読み、
ダメ人事は新聞やTVを見る。 204

45 できる人事はひとりでバーに行き、
ダメ人事はみんなと居酒屋に行く。 208

46 できる人事はナンパをし、
ダメ人事は合コンに行く。 212

47 できる人事はカラオケに行き、
ダメ人事はコンサートに行く。 216

48 できる人事はつき合いの年齢幅が広く、
ダメ人事は同年代以下とつるむ。 220

49 できる人事は朝が早く、
ダメな人事は朝が遅い。 224

50 できる人事はユニクロのシャツを着て、
ダメ人事は高級ブランドを着る。 228

おわりに

○カバーデザイン　ＯＡＫ　辻　佳江

第1章

人事の心得 編

01 できる人事は自己満足を大切にし、ダメ人事は他人を喜ばせようとする。

人事が何かしようとする場合、ほとんどのケースで「100％の正解」はありません。ですから、他人からの要望に、過度に答える必要はないのです。

例えば給与制度で考えてみましょう。

「成果主義」を採用すれば、安定した環境で力を発揮するタイプの人には、居心地の悪い組織になるでしょう。

だからといって「年功序列制度」を採用すれば、血気盛んな有望な人材が他社に移ってしまうかもしれません。

組織内のすべての人の要求に応えることは難しい、というより不可能なのです。

ところが人事も人の子。制度導入の際に目の前の人が反対意見を言ったり、人事評価の際に相手の悲しい顔に気づいたりすると、つい判断を変えてしまいそうになります。

つけ加えれば「反対者の声は大きくなりがち」です。実際には少数しかいない反対者でも、目の前に立ちふさがると実際より大きな存在に見えてしまいます。ここでも判断のブレが生じやすくなります。

私も昔は、反対者の意見をどうやって取り込むかばかり考えて、結局中途半端なことをよくやっていました。

このように、他人からの評価を気にしてばかりいると、結果として自分の方針を曲げ、どっちつかずの解決策を採ってしまいがちです。

これは人事としてやってはいけないこと。

人事は「面の皮を厚く」持っていなければなりません。自分の方針に賛成の人に対しても反対の人に対しても、鉄仮面のように応じられる度量が必要です。

――と、ここをあえて強い言葉で強調しているのには、理由があります。**人事に携わる人たちは、もともと「貢献欲求」が高い人が多い**からです。つまりいつも「誰かの役に立ちたい」と思っている「いい人」が多い。

それ自体はいいことですが、自分の軸となる基盤を確立していないと、「今、目の前にいる誰かの役に立つ」ことばかりを重ね、施策が一貫しないのです。

さて、かつて大流行したドラマのセリフで**「事件は会議室で起きてるんじゃない、現場で起きてるんだ！」**というものがありました。格好いいです。しかし、この**「現場重視の」決めゼリフは、ダメ人事に勇気を与えてしまう、危険なセリフ**でもあります。

例えばある社の採用基準を決めるとき。ダメな採用担当者は、まず現場のニーズを聞きに行きます。現場の人の意見を大切にすることが、人事の仕事だと思っているからです。しかしほとんどの場合、現場の人は即戦力、あるいは育成しなくても使える人を欲しがるもの。当然ですよね。

でも採用という観点から言うと、「育てれば身につけられるような力やスキル」を「すでに持っている人」を探そうとすると、「検索条件」がひとつ増えることになります。**実は、いい人材を採ろうと思えば、「条件はひとつでも少ないほうがいい」**のです。「即戦力で使えるスキルを持っている」ということをマスト条件としてしまうと、対象となる候補者の数は大幅に減ってしまいます。結果として、本来なら優秀な戦力となる可能性のあった人材を排除してしまうことになる。

実際、「営業は未経験だった蕎麦《そば》屋の店員や宅配会社のドライバーが、後に優れた営業要員になってビックリ！」というような事例はいくらでもあります。

できる人事なら、現場の声を聞いた上で、きちんと「条件を厳しくすればするほど優秀な人材を採れる確率は低まる」ということを説明して、**「本当に必要な、最小の条件」を聞き出す**のです。

かの坂本龍馬の言葉に**「世の人は我を何とも言わば言え 我が成すことは我のみぞ知る」**というものがあります。「世間が何を言おうと構わない、自分は成すべきことを分かっているのだ」ということです。

この項で言う「自己満足」とは、「自分の『成すべきこと』を信じ、ブレない軸をつくる」、ということです。

01 できる人事は、強い信念を持って動き、人の評価に頼らない！

02 できる人事は命令を聞かず、ダメ人事は命令に忠実。

「人事は、〝ガキの使い〟になってはいけない」

あっちの意見を聞いてはこっちに伝え、こっちの意向を聞いたらまたあっちに伝えに行く。それはつまり〝ガキの使い〟です。

経営陣と現場に挟まれがちな人事は、人事としての自分の「軸」を持っていないと、こういう疲れるだけで意味のない状態に陥りがちです。私も自分の中に確固たる自信がなかった頃は、経営陣と現場の間で右往左往しました。

中国は前漢の時代、2100年ほど前の「説苑《ぜいえん》」という故事集に、**「逆命利君《ぎゃくめいりくん》」**という一節があります。正確には「命（めい）に逆（さか）らいて君（くん）を利（り）する」で、おおまかには「一時的に主君の**命**令に**逆**らっても、結局は主**君**の**利**益になるように考えて行動する」という意味です。

経営陣と現場に挟まれがちで、デリケートな人間の感情を扱う人事は、特にこの「逆命利君」を意識することが必要です。この場合の「君（君主）」は、社長、経営者のことだけではありません。現場の責任者やマネジャーなど、人を使いながら、力を尽くして会社の利益を上げている人たちのことを含んでいます。

「営業は脚で稼ぐものだ」と言われていた時代、特に「現場」が大事にされていたので、人当たりがよく、口もうまく、器用で、体力もある、そんな人材を業界は求めていました。しかし私はそこに「営業もできなくはないけど、パソコンやネットに強い人材」を入れていったのです。当然現場からは「なんだあのモヤシみたいなのは！」「即戦力が欲しいんだよ！」という反発が聞こえてきました。上からも下からも。

20年近く経った今、その業界の業務内容がどういう形になっているか、どんな人材が必要になっているかは、説明する必要がないでしょう。

次はまだ新しい事例です。

国内で規模を拡大しつつあるとある会社で、私は「国内でなく国外、とくにアジアの人材を採りましょう。**賃金の安い作業員としてではなく、リーダー候補として。**試験的に、数人ずつでも」と提案しました。国外、特にアジアが数年後のマーケットとして大切な地域だと想定した上でのことです。

もちろん反対に遭いました。

「彼らを採ったところで何ができるんだ。日本人同士の『あうんの呼吸』が通じない分、マネジメントのコストが増してしまう……」、そんな意見があちこちから聞こえてきました。

が、運よく余裕のあった会社は、私の提案を受け入れてくれました。

その会社は今、海外進出に成功しています。そして、上海支部やソウル支部でチームを率いているのは、最初の頃に採った片言の現地社員たちです。

今あげた例は、すべて、現場（または現場責任者）の声を鵜呑みにしていたら、実現していませんでした。当然です。現場責任者は目の前の短期間での成果を求められているので、即戦力を求めます。経営者や人事はそれよりも長いスパンで会社の行く末を考えていかなければいけません。

「ダメ人事はいつも命令に忠実」というのは、荒っぽく言えば「ガキの使い」です。
できる人事も、ふだんは「ガキの使い」でいいかもしれませんが、いざというときには「逆命利君」も成すことに躊躇《ちゅうちょ》してはいけません。

最初こそ「おまえ上司の命令に背きやがって」などの不平不満を聞かされるでしょう。でも、時間が経つと「ほら、間違ってなかっただろ」と言えるようになる。一時期に「あいつめ」「反発しやがって」と思われても、最後には分かってもらえる。それができないとダメですよね。

……とはいえ人事も人間。「これだ！」と思って強行した施策も、半年もすれば「あれ、間違ってたかな……」と思うこともあります。そういうときは、とっととみんなに頭を下げて回り、「間違えました！」と言って次に進みましょう。

02 できる人事は、ときに上の命令や下の要望をスルーする！

03

できる人事はルーチンワークを好み、ダメ人事は嫌がる。

ルーチンワーク——辞書的には「日々繰り返す、決まり切った仕事」ですが、そこにはいつも「くだらない仕事」というニュアンスがついて回ります。正直なところ、そんな仕事を好む人はあまりいません。私も最初、人事はなんてルーチンワークが多いんだと思っていました。

ではどうすればいいのか。

「ルーチンワークをルーチンだと思わなければいい」のです。

人事において典型的なルーチンワークは面接です。何十人、何百人もの応募者を見ていると、ついつい「またこのタイプか」「このパターンの自己PR、聞き飽きたわ」などと思いがちです。

しかし、あえて言います。**「面接がつまらない」と思う人は、「人を見る目が粗い」**です。

自分の判断基準が５つしかなければ、応募者全員をその５パターンにはめて見ようとしてしまいます。

血液型占いに似ています。A、B、O、ABの４つの選択肢しかない大雑把な世界観に縛られていると、どうしても「人は４つのグループのどれかに当てはまる」と思ってしまうのです。

世界観、人間観、組織観が粗い人が面接をすると、「またこのパターンか」と退屈に感じてしまうのです。

私も人を見る目が粗かった頃は、明るい、暗い、賢い、賢くない、コミュニケーション力あり・なしくらいしか、人を見分けられませんでした。

しかし、ちゃんと人を見る目のある人（私は**「見る目の解像度が高い」**と言っています）が、他人と会うと、全員がそれぞれ違って見えます。みんな違っているから、面白いのです。

ルーチンワークを退屈に感じてしまう人は、**人事として、人や組織を見る目の解像度を高めることが必要**です。

「できる人事はルーチンワークが好き」というのは「単純作業はラクでいいね」ということではなく、**「単純作業を単純作業と思わない」**ということ。

面接はある意味単純作業です。しかし私はそれを楽しんでいました。応募者はひとりひとり違うのです。**多様性があるから面白い。**少なくとも「またこのパターンか」とは思わない。

面接がつまらないと決めてかかっている人の面接は、交通費精算のように味気ない作業になりがちです。

面接をするほうにとっても、されるほうにとっても、こんな不幸なことはありません。

面接とは本来、もっとドキドキできる、人と人、あるいは人と会社の出会いの場なのです。

では、どうすればそんな単純作業をつまらないと感じないようになるか。

それは、**「人についての語彙を増やす」**ことです。

例えばある人が「青」という言葉しか知らなかったら、その人はスカイブルーもライトブルーも群青色も藍色も、全部「青」としか判別できない。しかし語彙を増やし、言葉を知ることで、いろいろな色を表現し、分けることができるようになります。

これは才能とは関係なく、訓練すればできることです。人についての語彙を増やす——そうすれば、おのずと「人を見る目の解像度」は高まります。

人材募集ではよく「元気のある人」という言葉を見かけますが、これも「体力、精力がある人」「明るく活力のある人」「ポジティブ・シンキングの人」など、微妙に異なるさまざまな意味を含んでいます。

これらの意味を区別できない、語彙のない人は、「明るく朗らかでコミュニケーション能力のある人」が求められている場で、「よく笑い、声が大きくて威勢がいいだけの人」を選んでしまうかもしれません。

人や仕事についての語彙を増やすこと。それはすなわち**細かい差異を察知・認識し、多様性を楽しめるようになること**です。

03 できる人事は、世界観を広げている！

04 できる人事は未来を見て、ダメ人事は過去を見る。

「人事」に携わる人間として最も必要とされるスキルは、何だと思われますか。

単純に「評価制度について詳しい」「組織論に精通している」などの知識的なことや、「人脈が豊富」「豪傑で信頼感があり、みんなを引っ張っていく」などの人格的なことでもありません。

もちろん「社内男女の裏事情に精通している人」でもありません（これはどこの職場にもいそうで怖いですが……）。

もったいぶってみましたが、答えを言います。人事にとって最も必要なスキル、それは**「（人や組織を）見立てる力」**です。

「見立てる」には、2つの段階があります。

まず、

①「この組織／この人材が、今どういう状況にあるのか」を正しく把握すること

これが「見立て」の第一段階です。

それができたとして、大切なのはそれに続く第二段階、

②「その状況はいいのか悪いのか、変えるべきかそのままにしておくべきか」を判断すること

ここまで合わせて「見立て」です。

第二段階までが正しくできると、どんな状態であれ問題であれ、後はドミノ倒しのようにバタバタと正しい方向に方針が決まります。

「見立て」は過去と現在ではなく、未来と現在を見ています。

例えば「この人は今こういう環境で膠着《こうちゃく》状態に陥っている」から、「こういう研修を受けさせたほうがいい」と判断する。「この組織の人材が硬直化している」から、「こんな制

度を入れたほうがいい」と判断する。
このように、**現状認識を持ち未来につながる判断をすること、それがつまり「人や組織を見立てる」こと**です。

営業などと違って人事関係の仕事には数字にできる指標も少なく、「営業成績を上げる」といった一本道が目の前にあるわけではありません。だから本来、前に進まなくてはいけないのに、きた道を戻ってしまったりするのです。

例えば、人材の流動性を高めて、人がどんどん入れ替わるような組織の在り方、事業形態をとるべきなのに、間違って「組織の一体感を！」などと言ってしまうのです。
私の関わったある会社でも、上部に人材が停滞して詰まり、仕事はみんなマンネリ化して、若い人材はどんどんやめていく、そして全体としてボロボロになっていく、ということもありました。

また、本来ならば職務給にするべきところを、職能給にしてみたり、自然退職を促して退職率を調整すべきところに、誰の得にもならない痛々しいリストラをしてみたり……。

これらの大元をたどると、多くの場合、人事または経営者の「見立て」に間違いがあります。

「見立て」が間違っていることに気づかずにいると、状況は悪化し、気づかないうちにその企業は消えてなくなってしまうかもしれません。

人事に携わる人間には、「組織や人材に対する見立て」を持っていること、その感受性があることが大切です。

04 できる人事は、現状を把握し、未来を判断する！

05 できる人事はマンガを描き、ダメ人事は笑ってマンガを読む。

社内で必要な人材イメージを聞くと、「素直で協調性があって、自分から仕事を探して回るようなやる気がある人」など、という回答が返ってきます。

「素直で協調性がある」ということは「周りに合わせることがうまく、他律性が高い」ということ。「自分で仕事を見つけるようなやる気がある」というのは「周りに関係なく自分だけでも動けるくらい自律性が高い」ということ。

まったく正反対というわけではないですが、両方の特性を持った人を探すのは大変です。

私たちはときどき「神様スペック」という言葉を使います。現場などから要求された人物像のスペックがあまりに高すぎて、「そんな人間はいません！」と言いたくなるときです。

しかし、要求した側にはそんな無理を言っている自覚はありません。

なぜこういう齟齬《そご》が起こるのか――それは、人事にせよ現場にせよ経営者にせよ、**使う**

言葉が抽象的すぎて、同じ言葉を使っていてもイメージが共有できていないからです。

私はかつて、現場のトップから「主体性のある奴を採れ」と言われて、自立性の高い、いわば「生意気」な人を探してきたところ怒られました。彼は、目の前の課題に積極的に取り組む「素直」な人を求めていたのです。

人気マンガを例に「リーダーシップのある人」を求められた場合を考えてみましょう。探すべき、採用すべき人物は**「課長 島耕作」タイプのリーダー**なのか、**「サラリーマン金太郎」タイプのリーダー**なのか。

ご存じない方のために説明すると、両方とも20年以上に渡って青年誌に連載される人気マンガの主人公です。前者は「派閥争いなどのさまざまな困難を、自分の信念と柔軟かつ精緻な戦略で乗り越える」タイプのリーダー。後者は「暴走族出身で破天荒ながら、その兄貴肌から多くの者が慕ってくる」タイプのリーダーです。

同じ「リーダーシップ」でも随分と中身が違うことは、お分かりになるかと思います。しかもリーダーシップのパターンはこの2つだけではありません。

同様に、「赤木剛憲（湘北高校バスケ部主将）」や「シャア・アズナブル（ジオン軍少佐）」

や「ナウシカ（風の谷の姫君）」のリーダーシップについても考えてみてください。**同じ「リーダーシップ」でも、さまざまなパターンがある**ことがお分かりいただけたでしょう。

その上で人事が考えるべきことは、「この人は、こういう場面ではどういう行動をとるだろうか」ということです。

マンガ家や小説家、脚本家などは、ストーリーに直接関係なくても、登場人物のそれぞれについて「年表」や「履歴書」を書くと言われています。

何歳のときにどんなことをしたか、これまでどんな環境でどんな仕事をしてきたか。食べ物の好みや読んできた本の傾向まで、細かく設定する人もいます。そこまでして初めて、「この人はこういう場面ではどういう行動をとるか」が想像できるようになるのです。

人事も同じです。その人の履歴書や面接で語られたことから、「この人は今まで何をしてきたか」「どんな人なのか」を「事実」に絞って受け入れる。そして初めて、自社のビジネスにおいて「この人は、こういう場面ではどういう行動をとるか」を想像するのです。

「素直で」とか「協調性があって」といった大雑把な言葉でなく、この人はこういう場面ではこういうことをする、間違ってもこういう態度はとらない、というようなきめ細かなキャラクタライズが必要です。

ここで述べたことは、これから採用する候補者の見極めだけに大切なのではありません。人事に携わる人間は、すでに周囲で働いている**「自社社員の典型像」についても同じように細かく把握**してないと、大きく道に迷うことがあります。

「うちの社員はみんな自律性が高くて、自分から仕事をつくり出せる人材だ」と喜んでいると、気がつけば5年後にはみんなノウハウを得るだけ得て独立・起業しているかもしれません。

できる人事は、マンガや映画の原作者になれるほど、相手の「過去」や「事実」を重ね見る努力をし、現在や未来において「その人がこういう場面に遭遇したら、どうなるか」を想像できるものです。

05 できる人事は、ストーリーテラーになれるほどのキャラ研究をする！

06 できる人事は「理論」で動き、ダメ人事は「持論」で動く。

「理論」と「持論」は違います。

簡単に言えば、普遍的にいろいろな局面で通用するものが「理論」、経験的には正しくても特定の環境でしか通用しないものが「持論」です。

「O型同士の両親からはO型の子しか生まれない」というのは「理論」ですが、「O型の人は大雑把な性格だ」というのは「持論」でしかありません。

「理論」は科学的・学術的に証明されているもので、誰に対しても、どの時代にも当てはめることができます。

一方「持論」は「その人の思い込み」に近いもので、裏づけや根拠を持っていません。「確率が高い」「経験的に正しい」ということはありえますが、それでも「理論」にはなりません。自分の思い込みで動いてはいけません。従うべきは「持論」でなく「理論」です。

実は私も勘違いしていたことがあります。リクルートでやってきたことが、どんな会社でも通用すると思っていたのです。しかし、転職先では通用しないことが多々あり、それでようやく、何が「理論」で、何が「持論」なのかが分かりました。

ある少年が数学のテストで満点を取りました。喜んだ両親は、ご褒美として彼が欲しがっていたゲームソフトを買い与えました。少年は大喜びです。両親は「これからも90点以上を取ったら、新しいゲームを買ってあげるよ」と約束しました。

さて、考えてみてください。これは、道徳とか躾《しつけ》とかの問題ではなく、科学的に見て、その少年に対する「効果的な、いい対応」だったでしょうか。

答えはご想像のとおり「効果的でない、悪い対応」です。

私がそう言い切るのは、これがずいぶん昔から科学的・統計学的に証明されている理論だからです。

「数学で満点を取った！」という少年の純粋な喜びは、「しかもゲームを買ってもらえた！」という喜びによって、縮小されます。そしてこれを続けると、いつしか少年は「ゲームを買ってもらうために数学を頑張る」ようになります。数学を学び、探求し、その奥深さに「自分から」感動する機会を、両親は「外から」褒美を与えることによって、奪ってしまったことになるのです。

以上は**「外発的動機づけは内発的動機づけを阻害する」という、心理学ではよく知られた法則**です。

「外発的動機づけ（＝ご褒美を与えてやる気を出させること）」は、短期的にその人のモチベーションを上げることには有効ですが、長い目で観測すると、「内発的動機づけ（自分から楽しみを見つけてやる気を出すこと）」を損なうものなのです。

近年多く見られる「インセンティブ・システム」は、まさに「外発的動機づけ」です。

人の心を扱う人事の人間が、なぜこのような心理学を学ばないのでしょうか。

多くの人事担当者はこの初歩的な法則を知らないまま仕事をしています。理論として確立された当たり前のことを知らずに、現場の人と対峙するのは、何も武器を持たずに戦場に出ていくようなものです。

これ以外にも、心理学の理論として証明されているものをご紹介しましょう。

例えばある教室で、教師にあらかじめ「このグループの生徒たちは、他のグループより優秀で将来有望です」というニセの情報を与えてやると、教師の「期待」が影響して、そのグループの成績が上がる確率は高まります。人は、期待には応えたいと思うものなのです。これは**「ピグマリオン効果」**と呼ばれています。

逆に最初から「こいつらはダメな奴らだ」と決めつけられた集団は、実際に（成績が下がるなど）ダメになる確率が高まります。これを「ゴーレム効果」と呼びます。

人事にとって、人を育てることは最も重要な仕事のひとつ。「ピグマリオン効果」や**「ゴーレム効果」**といった基本的な理論は最低限でも知っておいて欲しいです。

「理論とか学問なんて難しそう」と敬遠しないでください。それは、**先人たちが築いた知識の宝庫**なのですから。

06

できる人事は、心理学など普遍的な理論を勉強している！

07 できる人事は数字に強く、ダメ人事は「人は数字では測れない」と言う。

2003年に大ヒットした「世界に一つだけの花」という歌、いいですよね。「人はひとりひとりみんな違うもの」「ナンバー・ワンよりもオンリー・ワン」という考え方はスッと胸の中に入ってきます。

ひとりひとりが違う個性を持っているのだから、そんなものを数字に置き換えて評価できることはない、そう思う方もいるでしょう。

しかし私は、**そういう人事の方にこそ「数字に強くなって欲しい」**と思います。

確かに人間は曖昧なものです。同時にその集合体である「組織」はさらに曖昧なものです。しかし曖昧だからと諦め、そのまま放置してしまうと、曖昧なものはさらに曖昧になってしまいます。

若い頃の私は、まったく数字で根拠を示さずに表面的な理論ばかり語って、社内を動かそうとしていました。しかしそんな主張では会社は動きません。それなのに「なんて頭の硬い奴らだ」と思っていたのです。

まず、**人事部以外の会社の大部分は「数字」で動いている**ことを頭に置いてください。予算、売り上げと利益、費用対効果、ノルマ、経費……。景気の停滞が長く続く中、人事だけは「ホラ、人って曖昧なものだからさ」と許してもらえる世の中ではなくなってきています。

「人の個性はみんな違っている」「だから数値化しにくい」というのは確かに正しいです。しかし、**「この会社にとっての」という但し書きをつければ、「人の能力」はほぼ数値化できる**時代になってきています。

私が行ったある調査では、「面接評価」と「適性検査評価」どちらが、数年後の貢献度を予測する精度が高いかを調べた結果、後者のほうが高いという結論が出ました。

適性検査とはいわゆるＳＰＩなどの就職試験、要するに「ばっちりと点数が出る」ペーパーテストです。**人の目による面接よりも、機械的に数値化されたペーパーテストのほうが「人を見る目があった」**ということになります。

確かに、「人間の能力はすべて数値化できる」というのは言いすぎです。しかし、人間や組織は曖昧だから」を逃げ口上にできない時代が近づいていることは、ぜひ知っておいてください。

実は入社試験で課される論文も、コンピュータに読ませて点数をつけるという研究が行われています。その点数は人間が読んでつけた点数とほぼブレることなく、複数の不慣れな人間がバラバラに読んで点数をつけるより、統一された基準で点数化できるというメリットすらあるそうです。

さて、すでに述べましたように、会社の大部分は数字を基盤に動いています。

人事が「数字に強くなる」ことのメリットとは、その**「大部分の人」との共通言語を持ち、話ができるようになることです。**

組織を動かすためには、「数字という共通言語」が必要なのです。

人事がいくら胸の中で「曖昧で大切な思い」を育ててきても、現場の責任者には言葉として通じません。

また、人事が経営者や現場の責任者と話をする機会があっても、彼らは数字を基盤として話すので、人事にはまったく理解できないということも起こりえます。

人事の仕事が大変忙しく気疲れするものだということは、身に染みて分かっています。が、その合間で構いませんので、**経営や経理、あるいは統計学など、数字に関わる勉強をしてみてください。**書店の棚にはそれらの入門書が並んでいます。

そうやって「数字で動く世界」を理解できるようになってから、あなたの持ち味である「優しさ」や「思いやり」で、人間の数字化できない部分のケアをしてあげるのがいいのではないでしょうか。

07 できる人事は、数字が組織を動かすための共通言語だと知っている！

第2章

採用・面接 編

08 できる人事は人にとにかく会い、ダメ人事は絞って会う。

「あー、今回の面接もまたダメだったよ。面接って砂金採りみたいな気の遠くなる作業だよな～」

大企業でも中小企業でも、応募から内定・入社に至る合格率は数％というところがほとんどです。つまり数十人の候補者に会ってようやく求める人物ひとりに出会えるという確率です。人事が面接をどうにか効率化したい、面接の数を減らしたいと思うのも無理はありません。

それが長じて、採用を長く担当した人事は、何かと理由をつけて人に会おうとしなくなります。スペックが少し足りない、年齢オーバー、職歴のブランクが気になる、即戦力にはならない、写真が悪い……などなど。

しかし、実はそういう担当者がいる会社の採用は、たいがいうまくいっていません。

採用に成功している会社の人事は、「とりあえず会ってみるか」とたくさんの人と会っています。どこかに表面的には見えない潜在能力を持った逸材がいるのではと、応募者の半分以上、極端な例では８～９割は会うという会社もあります。

私がリクルートで新卒採用責任者をしていた頃は、採用ピークの約３カ月間、毎日朝９時から夜の９時までびっしり１対１で合計６００人ほど面接していました。

なぜ、そこまでたくさんの人に会うことに執着したかといえば、そうしないと絶対にいい人材は採用できないと信じていたからです。

なぜたくさんの人に会うことで、採用が成功するのでしょうか。

ひとつには、**採用担当者の基本スキルである「人材の相場観」**（労働市場にどんな人がいて、自社はどのレベルの人が関心を持つ実力があるか）が磨かれるのです。

「相場」の分からない人事は、いつまでも自社の実力が分からず、どのぐらい採用にパワーをかけると求める人材が採れるかも分かりません。

目の前にいる候補者の世の中でのレベルも分からず、本来自社にとっては最高レベルの人でも「まだ他にいるのでは」と落としたり、逆にもっといい人が採れるはずなのに「このぐらいでいいか」と妥協したりしてしまいます。人に会っていない人事は、人材を測るモノサシが曖昧なので、採用レベルにムラが出てしまうのです。

私も面接経験が少なかった頃は、その人がどんな人か分かっても、レベル感がよく分からず、上司に「何であのレベルの人を通した！」とよく叱られたものです。

「会う採用」はのちのちにも影響を与えます。内定を出した相手がそれを受けるか辞退するかの確率を計算したときに、**「会う採用」は「何度も会っているからこその絆」という目に見えない要素が作用し、意外に効率的**なのです。

一方、「可能性の低そうな人に会うのはムダ」という効率重視の考え方もあります。短期的にはそういうこともあるでしょう。

しかし、少子化の進むこのご時世、**長年に渡って「会わない採用」を続けることは、ただでさえ小さくなる労働市場で「焼畑農業」を続けているようなもの**です。

例えば、人材エージェントに「あまり会う時間がないから、厳選した人材だけ紹介して」と多くの条件をつけて要望すると、エージェントは就活中の大勢の人に「あの会社に入るのは厳しい」と触れて回ることになります。人事の知らぬ間に、大勢の人が「落とされて」いるわけです。

採用広告を出す際に必要以上に厳しい条件をつけるのも似たような影響があります。厳しい条件を見て、「ああ、ぼくには無理だ」と思うことは、「落とされた」こととほぼ同じです。

一度落とされた人は再びその会社の門を叩くことはほぼしません。そして、どんどん「採れない会社」になっていくわけです。

このように「会わない採用」は百害ある一方、利点は（採用担当者の）「手間がかからない」というぐらいしかありません。ですから、人事の皆さんは**少なくとも自社の実力や市場の相場が分かるまでは、ともかく人に会いまくること**をお勧めします。

08 できる人事は、たくさん人に会うことが最も効率的だと考える！

09 できる人事は採用基準が緩く、ダメ人事は厳しい。

採用に携わる人間のうち、本当に驚くほど多くの人が信じ込んでしまっている、ある根本的な誤解があります。それは**「優秀な人間を採るためには、採用基準を厳しくすべきだ」という誤解。**「厳しい条件をかいくぐってきたのだから、優秀な人材が集まるだろう」というのは、大きな間違いです。

01項でも述べましたが、**採用のマスト条件が多ければ多いほど、優秀な人材が採れる確率は低くなります。**優秀な人材を採りたいのなら、「マスト条件」は最低限必要なものだけに絞らなくてはなりません。

図を使い、具体的な場面を見ていきましょう。

あなたは上役から「海外営業部に優秀な人間を5人採用しろ」という命令を受けます。

図の①のピラミッドが、その人材市場です。あなたはこの中から、できるだけ優秀な人材を5人探し出して、入社させなくてはなりません。

ところが営業部の部長にヒアリングに行くと、「そうだな、うちだとＴＯＥＩＣで８００点以上は最低条件だな〜」と言われます。「でも海外留学や海外赴任の経験がない奴はダメだね、座学だけでは即戦力にならないから」「年齢は35、頑張っても38が限度かな、うちの社風に馴染むには」と、続く会話で営業部長の夢は膨らみ、あなたの心はフリーズします。

図の②を見てください。「ＴＯＥＩＣ何点」「年齢は何歳まで」という条件をつけると、人材市場全域のうち、それに適合する人材は限られてきます。あなたは、その「条件によって限られた」枠の中から、５人を採用しなければなりません。条件に合う候補者が少ない分、あなたは苦労することでしょう。

それでもあなたは、なんとか頑張り、条件適合者の中でも優秀な５人を採用することができました。

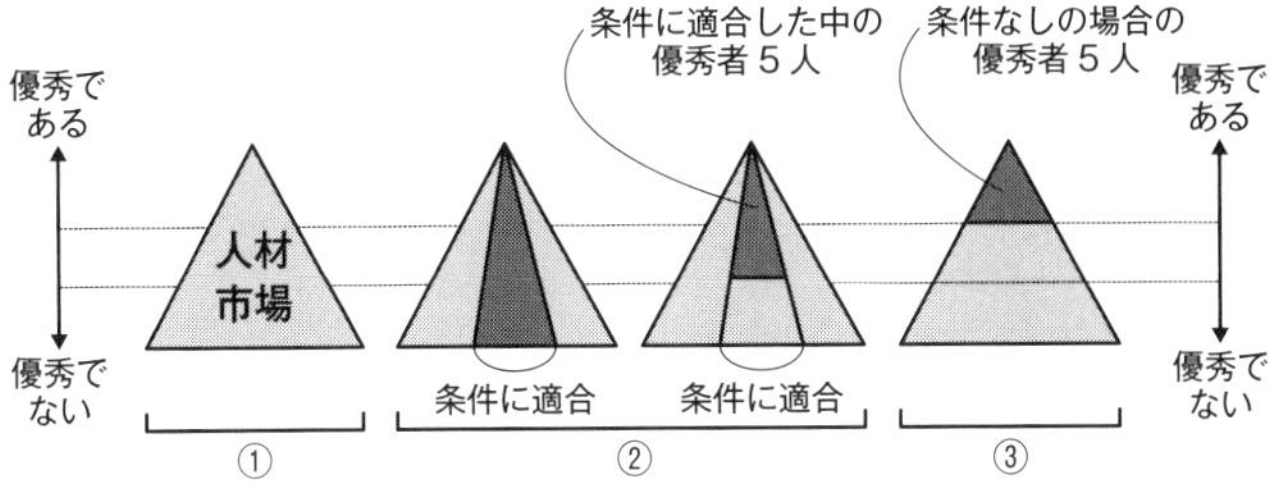

が、ここで、「もし営業部長のマスト条件がなかったら」を考えてみましょう。
図の③を見てください。条件による縛りがないので、人材市場の中から優秀な人材を上から5人、採用することができています。

大切なのはここからです。一見同じように優秀な5人を採用した結果として比べたとき、②の右側の「優秀者5人」と、③の「優秀者5人」には大きな違いがあります（それぞれ濃い色の三角形で示される部分で、この2つの面積は同じです）。

――お分かりいただけたでしょうか。ともに優秀な部類の5人ですが、③「マスト条件をなくした場合の」優秀者の下限は、②「マスト条件を多くした場合の」人材の優秀さを大きく上回っています。

ある会社の営業部門の採用に関わったとき、募集要項にあった「営業経験者に限る」という言葉を削除するよう、力説したことがありました。おそらくその募集要項をつくった人も、「前例に沿って、こう書いておけばいいや」くらいのつもりだったのだと思います。

そしてその営業部は今どうなっているかというと、コンビニ店員、スタントマンや役者の卵といった「営業経験などなかった人たち」が、トップ営業マンとして活躍しています。

もちろん彼らの頑張りが一番の理由ですが、それ以前に「経験者に限る」という意味のない条件を排除したことにより、広い人材市場から彼らを見出し、彼らにとっても会社にとっても有益なマッチングを実現することができたのです。


「間違った雇用条件」の例をあげておきましょう。

「未経験者不可」は「経験者に限る」と同じ意味なので、ダメ。**「職歴にブランクがある」**とすぐにはじいてしまうのも、もったいない。まずはブランクの中身を聞いてから判断すべきです。

仕事能力には関係ない年齢や性別、ましてや容姿を採用基準とするのは、特定の業種をのぞけば「時代錯誤も甚だしい」と言えます。

09 できる人事は、窓口を広げて優秀な人を採る！

10 できる人事は何をしてきたかを聞き、ダメ人事は自己PRと志望動機を聞く。

現在、大多数の会社のエントリーシートには「自己ＰＲ」と「志望動機」の欄があります。これを面接でフムフムと聞き、その中の些細な点などで話を膨らませ、30分経ったので「ハイ終了お疲れさまでしたー」とそのまま相手の言うことを受け入れているようでは、人事の仕事をしていることにはなりません。実は、私も昔はつい相手の言うことを鵜呑みにしてしまったこともありましたが……。

一般的な面接では簡単な挨拶の後、「あなたのアピールポイントを教えてください」という流れになります。「自己ＰＲ」「長所と短所」「これまでの経験から得たもの」など、表現は違っても皆同じことです。

しかし考えてみてください。

「① 私はこれまで○○○という活動を続けてきました。② だから私は△△△が得意なのが長所です」

「①'×××という経験をしたことがあり、②'これによって自分は□□□な人間に変わりました」

①や①'は、実際にその人が何をしてきたかという「事実」で、その人を知るとても大切な情報です。これに対する②や②'は、いわば「自分に対する自分の解釈、自己評価」。なんとでも言える自己評価を、ジャッジの材料にしてはいけません。

大切なもの、掘り下げて聞くべきものは、①や①'。事実に基づいたその人の過去の行動、具体的にどんな場面で何をしてきたか、その結果状況はどうなったかです。

それによって、「この人は当社でどんなことができるか」を考えるのです。これこそが人事の仕事なのに、相手の言うままに「そうか、そうか、あなたは△△△な人間なのか」と**相手の自己評価を受け入れてしまうこと、これはある意味では仕事放棄です。**

「志望動機」についての誤解は、さらにひどいと私は思っています。

採用面接を担当したことがある人なら、必ずこんな場面に遭遇したことがあるはずです。

「私が御社を志望したのは、御社が早い時期から海外での展開に注力し、未来志向的で国際的な感性を持つ会社と感じたからです」

「御社に魅力を感じたのは、御社が人々の人生の節目節目において重要な情報を提供することによって、その人が自分らしい生き方を実現できるよう手助けする会社だと感じたからです」

どちらもパッと聞くと立派な文言ですが、よく考えてみてください。これらは御社のウェブサイトに書いてあることそのままではありませんか？ 「会社案内復唱型」の志望動機は、聞いていて疲れるものです。

ただこれについては、志望者だけを責めるには酷な面もあります。ほとんどの就職希望者が何十という会社を受験し、エントリーシートやら面接やらをこなさなくてはなりません。その中で、個々の会社に対して「私は本当に御社のことが好きなんです！」という熱意を持つことは難しいでしょう。ましてやその**「熱意」を採用の判断材料にすべきではありません。**

ほぼ初めてコミュニケーションをとる相手に「あなたは弊社のどこに惹かれますか？」と聞くのは、お見合いの釣書に「で、あなたはぼくのどこが好きですか？」と書いたり、合コンで初めて出会った相手に「私のどこが好き?」と聞いたりするようなものです。

もし御社がAppleやGoogleなら、初対面でいきなり「で、ぼくのどこが好きなの?」と聞いても許されるでしょう。が、そうではないなら、**「志望動機で熱意を測って合格／不合格の材料にする」ことは何の意味もない**こと、むしろ「慣習にとらわれた弊害」だと言えます。

ただ志望動機を聞くことに意義があるとすれば、それは最終的に自社に欲しい人材だと判断した場面のみ。「後どれくらい口説けば自社にきてくれるのか」を測るための指標とするのです。いい人材というのは当然どこの企業も欲しがりますから、内定を出したところで辞退される可能性もあります。

他社にも興味がある中で自社を選択肢のひとつとしている候補者の場合は、志望動機に書かれた熱意を参考に、「こいつは後ちょっと口説けば落ちる!」「この人はたぶん、うちは冷やかしだ。口説いてもパワーの無駄」という判断をするのです。

10 できる人事は、「過去、実際にやったこと」に注目する!

11 できる人事は人を見る目に自信がなく、ダメ人事は自信がある。

「5分も話せば人なんて分かる」「第一印象でその人の9割が分かる」などと豪語する人は、意外と多いものです。「人を見る目」に自信を持っている人たちです。

さすがに人事部にはそういう人は少ないはずですが、稀に見ることがあるので驚きます。「ダメ人事の典型」と言ってもいいのではないでしょうか。かく言う私も、実はそもそもは思い込みが激しいタイプなので、フラットに人を見ることには苦労しました。

人が他人と会ったとき、あるいは何かの情報を得たとき、必ず何かの「偏り」があることは、さまざまな研究から証明されています。

この「見る目の偏り」は、心理学では**「確証バイアス」**と呼ばれます。

「ブラジル人はサッカーがうまい」「イタリア人は情熱的」くらいのざっくりとした「思い込み」であれば大きな害もありませんが、例えば、次のような「無自覚な思い込み」を人事の人間が持っていたらどうでしょうか。

「ゆっくりしゃべる人は頭が悪く、早口の人は頭の回転が速い」

「声の大きい人は体力がある」

「帰国子女はオープンマインドで議論が上手」

「体育会系は上意下達に慣れているが、独創性がない」

「博士課程まで出た人は世間を知らない」


――人を見立てることが仕事で、相手の生活や会社の将来を変えることもできる人事の人間がこのようなバイアスを持っていることは、危険です。

人は自分に似た行動をとる人に好意を持ちやすく、自分と似ている人と一緒に仕事をすると楽しいと感じます。そして自分と似ている人の業績を実際より高く評価する傾向があるのです。

逆に、他人の中に自分と似ていない部分があっても、ざっくりと無視してしまうことがあります。

「人間は自分が信じたいことを喜んで信じるものだ」というジュリアス・シーザーの言葉もあります。「目の前にあるさまざまな情報の中から、自分にとって都合のいいものだけを選んでしまう」という人間の癖は、紀元前の昔から指摘されているわけです。

では人事の人間は、何に気をつけ、どうするべきなのか。

面接にしろ他の日常的な場面にしろ、**初対面の人と会ったときに「第一印象」を持つことは当然のこと**です。人はまず、見た目、話し方などから相手を判断します。

しかし人事の人間は**「その第一印象が自分の偏見によるものかもしれない」ということを常に自覚**しなければなりません。

第一印象は、仮説でしかないのです。

「今、この人を元気のいい、快活で好印象な青年だと感じたけれど、これはまだ自分の仮説でしかない」

「この人の挨拶は声も小さくて弱々しく、人と話すのが苦手なようだと思ったけれど、それは偏見で、たまたま面接に慣れていないだけの優秀な人かもしれない」

と、**常に「バイアス」の影響を意識しておくこと。**限られた面接の中で自分流の「仮説」を立て、検証し、バイアスを削り、また別の「仮説」を立てて検証する。そして、最終的にその人がどういう人かを時間内に見極める――それが「面接」という仕事です。

バイアスで人を判断しないために必要なものとして、**「クリティカル・シンキング」**を常に意識しておいてください。

クリティカル・シンキングとは、直訳すれば「批判的思考法」。何に批判的なのかといえば、「自分自身」です。**自分自身の考えや印象に対して、常に「これは本当に正しいのか」と批判する視点を持っていること、その上で思考を重ねていく**のです。

「クリティカル・シンキング」やその訓練法については、さまざまな研究や書籍が存在します。興味をお持ちの方はぜひ、より深く調べ、身につけることを試みてください。

11 できる人事は、自分の判断は仮説でしかないと知っている！

12 できる人事はバカになり、ダメ人事は賢く見せる。

面接にきた方からこう言われます。

「学生時代は、勉学の他にラクロスのサークル活動に熱中していました！」

ラクロス……珍しいスポーツかもしれませんが、数百人を超える応募者をさばく面接官なら、年に何十回も聞くことのあるスポーツです。

ダメ人事はここでまず、心の中で「うへ、またラクロスか」と思います。ダメダメ人事だと、それを顔に出してしまいます。しかしできる人事は、**いくら聞き飽きている種類の話でも、表情に出さずじっくりと聞きます。**

「へえ、ラクロスってどれくらいの人数でプレーするの？」と聞きます。「今どきラクロスも知らないのか、このオッサン……」とバカにされることは厭いません。

新卒に限らず中途採用で、「ウェブデザイナーをやっていました」とか、「経営企画に携わっていました」と言われた場合でも同じです。

どんな仕事かは聞かずとも知っているものですが、面接の場ではそれを顔に出しません。本当は、ウェブデザイナーの仕事の内容も、経営企画の仕事も大筋では理解しています。でも、それはそれとして、バカにされることを恐れずに、相手が話すラクロスやウェブデザインや経営戦略のことをじっくり聞きます。

この**「本当は知ってるけれど、あえて相手に話させてみる」**というやり方には、２つの大切な目的があります。

まず、**相手の説明能力を判定する**ことです。ラクロスにしろウェブデザイナーにしろ、理路整然と話せる人もいますし、言葉少なに木訥《ぼくとつ》とした説明しかできない人もいます（そして「後者よりも前者が優秀」という判定にならないこともあるから人事の世界は独特です）。

ラスロスをあらかじめ知っているからこそ、「この人の言ってることは自分の経験だけに偏ってるな」「物事を俯瞰して捉える能力がある」「こいつ、えらいこと話を盛る奴だな（笑）」などの判定ができるのです。

もうひとつの目的は、その人の**「実際の経験」「過去の実績」を見立てる**ことです。「見立て」については04項で力説しました。相手が口で何を言おうと、それが彼の実際の体験である証拠にはならないし、むしろ「自分はこんな人間だ」という思い込みの強い、扱いにくいタイプかもしれません。

そこで、「本当は自分も知っていること」をあえて相手の口から語らせることにより、話の内容とは別に「彼／彼女は過去、こういうことをしてきて、今、こういう状態にある」ということを人事側が判断する（見立てる）のです。

応募者の多くは、「自分の経験がこの会社にとってどのような意味があるか」を理解していません。

そこで採用担当者は、彼らの語る経験談を掘り下げます。

面接で必ず聞かなければならないことは、「ある場面で、その人はどういう判断でどういう対応をしたか」という、過去の事実です。

例えば「焼き肉屋のアルバイトで売り上げが下がったため、通りでチラシを撒くことを提案したら、その週から客数がアップした」という学生の体験談があれば、「叙々苑（超高級店）で働いていたのか、学生街の裏道の焼き肉屋の話か」「その席数は、客層は」「他の手段は検討したのか、なぜチラシという結論に達したのか」「客数が増えたというのは売り上げや来客数・回転数といった数字に基づくものなのか」「チラシを撒く中でのさまざまな困難に、どう対処したのか」——それらを聞かなければ、面接の意味がありません。

まずは必要な情報を聞き、学生が語る内容を正しくイメージする。

以上を踏まえた上で、特に大事な**「ある場面（何か困難に遭遇したときなど）で、その人がどう考え、判断し、どういう行動をとったか、その結果どんな効果があったか」を整理するのが面接の意義**です。

それができるのも、さまざまな種類のアルバイトの中身を把握できているからこそです。

大切なのは、「やってきたことを説明する能力」と、「やってきたことの本当の意味」を把握することです。

12 できる人事は、何度聞いた話でも初めて聞くように振る舞える！

13 できる人事は面接で自分のことを語り、ダメ人事は面接で会社のことを語る。

採用面接、特に初期の面接では、悲しいかな、応募者側と会社側の「化かし合い」のような場面がしばしば生じます。お互いにキレイごとしか言わないからです。応募者が「御社が第一志望です」と言っても、面接官は「ウソつけ」と思っていたり、面接官が「うちは若手にもいろんなチャレンジさせてくれるよ」と言っても、応募者は「若手に責任を押しつけるブラック企業じゃないの」と思ったり。私もどれだけ「第一志望」と言う学生に、だまされたか分かりません。

お互いに信頼関係ができてない段階で、「疑心暗鬼」になるのは当然のことです。

ダメ人事はこの段階で、ただバンバンと質問をぶつけます。

しかし、相手は当然自分の中身を開いて見せてはくれません。信頼関係のできてない相手には、毒にも薬にもならないような一般的な模範解答、つまり「キレイごと」を言っておくしかないのです。

できる人事というのは、そういう閉ざされた相手の心を開いてもらうために、きちんと自己開示をします。**つまり、自分自身の個人的な経験などを話して、相手に共感してもらい、信頼関係を築く**のです。

とはいえ、面接が始まってすぐに「最近おれって、夫婦仲が今イチでさ〜、あっ、社内結婚なんだけどね。この前は離婚の話まで出てきて……」などと、その場に関係のないプライベートな話をぶっちゃけなさいということではありません（当たり前ですね）。

自己開示にはタイミングがあります。分かりやすいのは、**志望者から「あなたはなぜこの会社を選んだのですか?」「先輩の志望動機は何だったんですか?」という質問があったとき**です。このタイミングを逃さず、あなたは全力で心を開くべきです。そうすることで、相手に心を開いてもらえます。

「なぜこの会社を選んだのか」について、ウソやつくり話をする必要はありません。しかし、自分の中を掘り下げていくと、いくつもの「なぜこの会社を選んだのか」の理由が存在するはずなのです。

「小学生のときにね、病気で1年間入院したんだ、島根の山奥の病院で。入院のおかげで学年がひとつ下がっちゃったんだけど、退院した後もその病院の人がぼくを励ましてくれた。だからぼくは医療とか介護の仕事に就きたいって思って、今この仕事をしてるんだ」

そんな言葉を聞いた相手は、**「この人は本当の自分を見せてくれている」**と思うでしょう。

また、ひょんなことから相手の共感を引き出すこともあります。

「島根の病院にいたんですか？　自分も、生まれた場所は島根なんですよ。奇遇ですねー」

「共感」は「信頼」につながる強い武器です。ここから一気に話が広がり、互いの「信頼関係」が構築されていくことも珍しくありません。

「あなたはなぜこの会社を選んだのか？」と聞かれたとき、ダメ人事は、ホームページに書いてあるような会社説明をしてしまいます。「うちの会社は自由闊達で、上下関係を抜きにして才能を取り上げてくれるシステムもあるし――」。

聞かされた志望者たちは、「そんなん分かっとるわ、会社案内に書いてあった！　おれ、それをそのまま志望動機欄に書いちゃったし！」と慌てることでしょう。

この項であげた「自己開示」は、一見すると「フリートーク」に見えるかもしれませんが、それは違います。これは「面接官としてのトレーニング」の中でも重要項目である、「自己開示のスキル」です。

大切なのは、適切なタイミングで相手に自分の心を開き、相手にも心を開かせ、信頼関係を構築すること。

たとえ30分や1時間の面接でも、この工程を意識することはとても重要です。

13 できる人事は、自己開示して信頼関係を築く！

14 できる人事はデパートの店員のように振る舞い、ダメ人事は圧迫面接をする。

本書を読まれている方は、皆一様ではなく、さまざまに異なった立場の方々であると思います。社員規模にしても、10人に満たない町工場から、数百人、さらには世界規模で事業を展開している会社の方々もいるかもしれません。

社員数がどうであれ、業種がどうであれ、皆さんは**「採用・面接」というものを、「自社に、より優秀な人材を取り込む作業」とだけ考えていませんか？**

もしそうなら、それは大きな間違いです。

考えてもみてください、数ある同業多社の中からあなたの会社を選んで受験しにきてくれた人々は、**あなたの会社の潜在的なファン、将来の優良顧客**なのです。もちろん同業他社を並行して受験している人も多いでしょうが、その人たちはその業界自体のファンなのです。

面接に受からなかった人が持つ感想は２つあります。

「あそこの会社、面接を受けて落ちたけど、すごく気持ちのいい対応だった」という場合と、「あそこの会社、有名大学の部屋だけ別にしてるし、面接官は投げやりだし、なんかバカにされてる気がして、途中で帰ろうかと思った」という場合です。

「人材採用」の視点を外し、**「どちらが将来の見込み客として期待できるか」**を考えてみると、答えは言うまでもないですね。

あなたの会社を志望して、残念ながら選考に落ちた人の数は10年、20年と経つごとに増えていくのです。

あなたは「選別する側である」という意識によって、無意識に受験者に居丈高に接し、結果として将来の潜在的優良マーケットを大きく削ってしまっているかもしれません。

勘違いしてはいけません。面接とは、会社側と応募者が互いに互いを選別する場です。

また、就職志望者が同じ業種の会社を複数受験することは、言うまでもなく一般的なことです。

ということは、**あなたが落とした人材が、ライバル企業に入り、将来ビジネス・パートナーとして目の前に現れることも起こりえます。**ひょっとしたらその相手は、その会社で成功し、立場的にはあなたの会社よりも上になっているかもしれません。

そこで、「過去に落とされたあなたの会社の嫌な面接の記憶」を思い出されたら、どうでしょう。

景気の悪い状態が続き、就職が「極端な買い手市場」だった一時期、「圧迫面接」というものが話題になりました。面接官が受験者に対して、わざと威圧的な態度をとり、意地の悪い質問や反論を繰り返して相手の反応を見る、という面接法です。

圧迫面接支持者は「そういったときの対処法を見て、トラブルへの耐性や、自分の感情のコントロール、クレーム対応の能力を測っているのだ」と言いますが、私には「ダメな人事だな〜」としか思えません。基本情報の取得やその整理、相手に対する見立て、人心掌握といった、人事としてのコア・スキルがほとんど使われていないからです。

まあ、それ以前に、「わざと意地悪で偉そうな態度をとる」なんてことは、普通の社会人はしませんよね。

圧迫面接は極端な例ですが、それでも、**採用・面接の際に受けた印象は、選外になった人の中にかなり深く残ります。下手に大金を投じたブランド・イメージ戦略より、強い影響を持ちえます。**

今、何人もの志望者が面接にわざわざ足を運んでくれている。しかしこの中で採用・内定にまで至るのはせいぜい数人。そんな場合、「受からなかった残りの人には、せめて自社のファンになってもらおう」という心構えで接してください。まるでデパートの店員のように。

それは彼らのプライドを守るためだけでなく、自社の将来の利益のためでもあります。

14 できる人事は、選考から落ちた人が将来の優良顧客だと知っている！

15 できる人事は欲しい人材を口説かず、ダメ人事は口説く。

この項はタイトルに「口説く・口説かない」とあるように、ほとんどのことが男女の恋愛に当てはまります。実際のところ、人事の仕事の中でも特に「採用」は、恋愛と共通する部分が非常に大きいのです。

ここで書くことは、採用の最終段階、「この人には我が社にきて欲しい」と心の中で思っている段階での話です。恋愛で言えば、向こうはまだ少し迷っているけど、こっちは「つき合いたい」と決めている段階。どちらが「つき合ってくれますか？」と口を開くのか、ほとんどそれを待つだけの状態での話です。

まず言えるのは、**採用も恋愛も同じように、「追えば逃げる、逃げればくる」**ということ。「興味加減の法則」という鉄板の法則です。

基本は、決してこちらから「こい」とは言わず、向こうから「行きたいです」と意志決

定させること。これが分かっていない頃の私は、とにかく追いかけて、結局たくさんの人に逃げられてしまっていました。

例えば、これと目をつけた学生に、「リクルーター」としてでなく「気安い先輩」として就職相談に乗っているときのことを考えてください。

こちらの本心としては「おまえ、見込みあるからうちにこい！」と思っていても、そんなことはおくびにも出さず安い居酒屋で相談に乗ります。そして、何かの拍子に相手が「そういえば先輩、おれ、先輩の会社も受けてみたいんですけど」と言い出すのを待つ。じらして、じらして、じらした上で、「え？　そうなの？　うちの会社にも興味あったんだ？　もっと早く言えよ水くさいな～、だったら誰か担当者を紹介するよ」と答える。そうなると完全に、「おまえが求めたから、こっちが話をつけてやったんだからな」と、まるで面倒を押しつけられたような立場を勝ち取ることができます。

その後の流れは、思いどおりにいくにしろいかないにしろ、皆さんの経験した恋愛と同じような経路をたどります。要するに、うまくいくものはうまくいく。うまくいかないものはうまくいかない。

ただ、「追えば逃げる、逃げればくる」という法則は、知っておいてください。

これだけだとただの「恋愛テクニック」、いわば「どうやって相手を騙すか」というような話で終わってしまいそうですが、実はそうではありません。

「乞われて入社してやった」と思っている人材と、「自分の意志でこの会社を選んだ」と思っている人材では、入社後のパフォーマンスに大きな違いがあるのです。

ですから、「この人材がメッチャ欲しいけど、でもこちらになびいてくれない」というときでも、おだてたり引っ張ったりせず、あくまで「自分で選ばせる」ことが重要です。**「自分で選んだ」という意識が大切**なのです。

どれだけ優秀な人材でも、「頼まれたからきてやった」という意識を持っていると、「ここは自分の望んだ環境ではない」「ぼくはここでは自分のパフォーマンスを発揮できない」と感じ、いつしかそれを公言するようになります。結果として社を去って行くことも少なくありません。会社にとっても本人にとっても、それは不幸なことです。

私がかつていた会社では、**「メッセージは隠せ」**と言われていました。「こちらの本心を軽々しく見せるな」という程度の意味です。

「メッセージは隠せ」という言葉の意味は、例えば「うちは若くしてマネジメントを任せてもらえるような会社ですよ」とストレートに言うより、通りすがりの誰かを指して「あいつ、うちの課長なんだよ。27歳。きみの5つぐらい上かな」と言って、相手に「この会社は若くても課長になれるんだ」と想像させる。

比較すると、後者のほうが明らかに強い影響を与えます。ちょっとした言い方、ちょっとしたスキルの問題ですが、結果は大きく違います。

ダメな人事は、これと決めた相手に対して「うちはこんなに素晴らしい、是非うちにきなさいよ」と強調します。これは結果として相手から軽く思われるだけ。人は、簡単に手に入ったものの価値を低く見るものです。

15 できる人事は、応募者に自分で入社の意思決定をさせる！

16 できる人事は自分でやらず、ダメ人事は自分でやる。

採用シーズンの人事担当者はとても忙しい。

私も、まだ経験が浅く手慣れていなかった時代には、1カ月の就業時間が数百時間というような状態で仕事をこなしていました。

さて人事の仕事には、他の業務と同様に優先度・重要度があります。

何でもするのが勉強の新人時代はともかく、ある程度の経験を持つ人なら、**その仕事がどれだけ重要でどれだけ優先されるべきか**を判断しなければなりません。

優先順位が決まれば、優先順位の低い仕事の業務量をなんとか減らせないのかをまず検討してみることです。「できる限りのことをしよう」とすると、優先順位の低い仕事に過剰な労力をかけてしまいがちです。全体を最適化する視点で見ると**「あなたの立場でそれ**

をそこまでやるのは明らかに『やりすぎ』だ」という場合が多いのです。

極論すれば、**優先順位の低い仕事で100点を取る必要はありません。**それが90点になっても、80点になっても、大きな影響を与えないと判断できる場合は、もっと優先順位の高い業務にパワーを注ぐべきです。

具体的な方策を考えてみましょう。

例えば会社説明会なら、２時間やっているものを１時間に時間短縮できないか。あるいは何回か小分けにやっているものを、一気にまとめてできないか。ＷＥＢを活用したネット動画による説明会などに置き換えて労力が発生しないようにできないか。

もっと単純には、５人でやっている仕事をふたりに減らせないか。――検討ポイントはいくらでもあります。

もしそれでも業務が減らせないのであれば、次に考えることは「採用担当者以外」に仕事を振ることです。人事以外のスタッフ社員や現場のマネジャーらに協力をお願いして、初期選考などの業務を振ることができないか、検討するということです。

とくに初期段階の採用活動が断続的に続いている状態の中で、人事担当者が「説明会」や「大量面接」に振り回されるべきではありません。人事としての仕事の優先度・重要度を判断し、他人でもできるものは他人に任せ、自分はより重要なこと（例えば内定の可能性が高い志望者、あるいはすでに内定を出した志望者へのケアやフォロー）に注力することが大切です。

多くの会社で採られているのは、「現場で働いている人間にリクルーターになってもらい、採用活動を手伝ってもらう」ことでしょう。

人事以外のスタッフ社員や現場のマネジャーらに協力をお願いして、初期選考などの業務を行ってもらう、ということです。

これは「人事の負担を減らす」という効果以上に、入社志望者にも大きなメリットがあります。「まだ若く活力があり、世代が近くて親しみやすく、現場のことを知っている先輩」が自分の採用担当となってくれることにより、「安心感」「信頼感」が得られるのです。

いっそ、**説明会や一次選考自体を外注してしまう**という手もあります。

ネットでの就職活動が一般化したため、就職希望者は簡単に応募ができるようになりました。その結果、企業は応募者数の増加への対応に苦慮しています。

そこで、２０００年あたりから採用のアウトソーシングが多くの企業で取り入れられるようになってきました。

初期選考の基準は、ほとんどの場合、会社によってあまり差がありません。応募者自身の基本的な知的能力やコミュニケーション力がどうかというものです。

そうであれば外注化が可能であるどころか、**マーケット全体の相場観を知っているアウトソーサーのほうが、初期スクリーニングには適している**とも言えます。

人事は社内・社外を問わず、利用できるものはうまく利用して、自分は「より優秀な人材をより多く採用する」という課題に立ち向かうようにすべきです。

16／できる人事は、何に注力すべきかを考え、全部の仕事をひとりでしようとしない！

第3章

育成・キャリア 編

17 できる人事は個々の悪いところを直さず、ダメ人事は個々の悪いところを直そうとする。

偉そうな物言いで恐縮ですが、私がダメ人事だなと感じるときは、その人に**「チームワーク」という発想**が欠けているときです。

人事の仕事を命じられる人は、「優しい人」が多いという特徴があります。教育でたとえるなら、「文部科学省の官僚」というより、「学校の熱血教師」や「人当たりのいい教師」タイプが人事に配属されがちです。

それはそれでいいことですが、ひとつ難点があります。

「熱血教師」や「人当たりのいい教師」は、「個々の生徒に向かい合おう！」「それぞれの生徒の個性を大事にしよう！」と、**「個」を必要以上に大切にしたがる傾向**があるのです。

それは、ひとつ間違うと、**「木を見て森を見ず」**という状態に陥ります。細部にばかり気を取られ、全体像をつかみ損ねてしまうのです。

ひとりひとりの部下や従業員を見たとき、その人に悪い点があれば、指摘し是正してあげるのはいいことです。

しかしこれが組織全体の話となれば、事情は少し違ってきます。

例えば「求める人物像」をひとつ定め、それに沿ってすべての従業員を育成してみても、あまり意味はありません。**「組織」にはさまざまな人間がいるのが当然**で、「ひとつの求める人物像」だけを追求すると、かえっていびつで不自然なものになってしまいます。

要は、**組織の中にいるさまざまな人間を「どう組み合わせ」「どういうチームをつくって」「どういう仕事をさせるか」という采配**こそが、人事の腕の見せどころなのです。

「万能人間の集団」というありえない理想ではなく、「欠点はあるが力もある人々」をどう組み合わせ、お互いに補完させてチームをどうつくっていくかが大切です。

実はこれは「採用」についても言えることです。

私は、人事責任者のとき、**個々の人材を選別するというよりは、「複数の人材を組み合わせてチームをつくる」という感覚**を強く持っていました。というのも、以前求める人物像をひとつのタイプに集中しすぎて、配属で苦労した覚えがあったからです。

野球でたとえると、ひとつの新しいチームをつくるときに、金にものを言わせて他チームの4番打者ばかりを5人10人と引き抜いてきてもうまく回らないという状態です（特にどの球団を指すものでもありません）。

実際には、強打者もいれば、足の速い奴もいて、肩の強い奴もいれば、ムードメーカーもいる。それを9人という枠の中にうまく采配するのが、人事の仕事だと思うのです。

採用の話が出てきたので、ここで話を一度脱線させます。本書では分かりやすいように「採用・面接」と「育成・キャリア」というカテゴリーに分けて章立てしてありますが、実は「採用」と「育成」はほぼ同じことを意味しています。

要は「必要な人材を獲得すること」であり、その人材を外部調達するのが「採用」、内部調達するのが「育成」です。ですからこの本や他のビジネス書に書かれている「採用」「育成」に関するノウハウは、ほぼ、入れ替えが可能です。

以上、「人事」という仕事の全体像を把握していただきたく、あえて脱線してみました。

さて話を戻して、**「個に向き合う」か「チームワークを重んじるか」**を考えます。

先にも述べたように、部下や後輩に欠点があれば、それを指摘し、是正してあげることはいいことです。

しかし「組織」として全体を見たとき、個々人の欠点のひとつひとつを把握し、研修なり定期面談なりで是正するのには、想像以上のパワーがかかります。

考えてみてください。生まれてから20年以上その人の欠点だったことが、2日や3日の研修や、面談でのアドバイスできれいさっぱり改善されるでしょうか。

それより効率がいいのが、これも繰り返しになりますが、**「欠点もある人材を組み合わせて互いに補完させ、いいチームとしてつくり上げる」**という手法です。

思いどおりに、あるいは思った以上にチームワークがうまく働いたときの感激は人事としてはかなり大きいものです。ぜひ皆さんも、実践してみてください。

17 できる人事は、人に完璧を求めず、チームワークでカバーする！

18 できる人事は型にはめ、ダメ人事は自由にさせる。

日本はかつて、昔のトヨタの生産方式のように、「決まったものを」「速く」「安く」「クオリティ高く」「大量に」つくる、ということで世界経済と勝負をしていた時代がありました。そういうとき、働く人間に求められるのは「決まったことをキッチリやること」でした。

ところがそういう産業の多くは、人件費の安いアジア諸国を拠点とするようになり、今や日本が勝負できる／勝負すべき分野ではなくなっています。

現在の日本に残されている仕事は、「創造性の必要なもの」だと私は思います。そしてその傾向は今後どんどん増していくでしょう。昔と同じやり方ではまったく勝負できなくなっていきます。

「創造性」を軸に勝負をするならば、「速く安く」ではなく、「目新しいもの」「他にないもの」をつくることが必要不可欠です。そのため、今後の組織では**「自律性が高く創造力**

のある現場・人材」のニーズがどんどん高まっていくでしょう。

しかし、経験の浅い人事は、ここで間違いを犯しやすいのです。

その間違いとは、**「自律的で創造力のある社員を育てるためには、さまざまな制約を解き、彼らをできるだけ自由にさせてやることが必要だ」と短絡的に考えてしまうこと。**

「自由」とは、その言葉の響きから想像するよりもはるかに「おそろしく」「難しい」ものです。私たち人間は、何の制約もない状態に置かれるとかえって不安で怖くなり、そこから逃げ出したくなります。

私の経験でも、マネージャーになり立ての頃、若手メンバーに自由を与えようと仕事を丸投げした結果、メンバーが疲弊しきってしまい、成果がぜんぜん出ず、失敗に終わったことがあります。

では、自律性・創造性の高い人材を育てるために、人事は何をどうすべきなのか。

逆説的なのですが、「最終的に自律性・創造性のある人材」を育てようと思うなら、**最初は「型を教えてやる」、言い換えれば「型にはめる」という指導が必要**なのです。

日本の伝統的な武道や芸能を思い浮かべていただければ、分かりやすいと思います。柔道ではまず受け身を徹底的に教えます。

寿司職人や板前は、職人の側で皿洗いや掃除などの雑役をしながら修行します。

「守破離《しゅはり》」という言葉をご存知でしょうか。千利休の言葉とも世阿弥の言葉とも言われ（説が分かれています）、日本での茶道、武道などにおける理想的な師弟関係のあり方のひとつを表します。

まずは師匠に言われたこと（つまり**「型」**）**をそのまま「守る」**ところから修行が始まります。次の段階では、その型を自分自身と照らし合わせ、自分に合った、よりよいと思われる型につくり直します。これは**既存の型を「破る」**ということです。そして最終的には師匠の型と、自分自身がつくり出した型の両方を極めることで、**型から自由になり、型から「離れ」てもいい段階**に至ります。

つまり、**何ごとにおいても、最初は「型を守る」ことから始めなければ修行にならないのです。**仕事においても、自分のオリジナリティを発揮したり、自律性を高めたりするには、誰かの「型」を守ることから始めるほうが、結果としてうまくいきます。

18 できる人事は、「守破離」の原則で人を育てる！

また、**「1万時間の法則」**という言葉もあります。これは、あらゆる成功者には皆、**「パターン化された基礎的な事項を1万時間繰り返した経験がある」**という説です（『天才！成功する人々の法則』マルコム・グラッドウェル著　講談社）。

ビル・ゲイツが単純なコードを書き続けていた時間、ビートルズが地道にライヴ活動を行っていた時間、モーツァルトが作曲者として成功する前にピアノ演奏家として活動していた時間、それらがおおむね1万時間だ、と解説されています。

いずれにせよ、数々の研究や体験から、**「物事を習得するにはまず『型』を知り、『型』にはめられることが必要だ」**ということが、ほぼ解明されています。

教育や育成・修行の最初の段階で「型にはめる」ことは、決して悪いことではなく、むしろ不可欠な要素であると理解してください。

19

できる人事は研修で人の「心」を動かし、ダメ人事は人の「頭」を動かす。

「時間と場所」を費やして研修あるいはトレーニングを行うことの、本当の意義とは何でしょうか。

「知識のインプット」でしょうか。しかし、「知識のインプット」は本を読めばできます。**限られた場所や時間をそれだけに使うのは、あまりにもったいないこと**です。

私が「時間と場所」を費やすだけの価値があると考えているのは、**「人の心に火をつける」こと**です。

具体的には、「頑張ろう!」というきっかけをつくったり、「自分たちはまだまだだな」という自覚とショックを与えたりすること。**「モチベーションを上げること」**と言い換えてもいいでしょう。

極論と思われるかもしれませんが、そもそも、1回や2回の研修で人間を変えることなど、不可能だと思ったほうがいいのです。

少し難しい物言いになりますが、**人間の「能力」とは「習慣の束」です。「習慣」とは基本的な事項の反復**によってしか得られないものです。ということは、1回や2回の研修で「能力」を身につけさせることは無理なのです。

例えばゴルフのプロに正しいスイングを1回教わったところで、その人のゴルフが大きく上達することはないでしょう。上達するには反復練習が必要です。ビジネス・スキルも同じことです。

となると、**育成の主戦場となるのは、結局は日々の仕事**です。**人は日々の仕事を通してのみ、成長する**ことができます。だとすれば、わざわざ研修の時間をとって、本を読めば分かるようなことを教えるのは、無駄なことではないでしょうか。

反復は、退屈で飽きやすいものです。「継続は力なり」という格言があるのは、それくらい「継続」が大変で、どんな時代の人々も苦しんできたものだからです。

だからこそ**「反復」できるようなモチベーションにすること、その種火になるようなも**

のを与えることが、研修の本来の意義です。

種火となるもの、それがショックなのか喜びなのか、気づきなのかは問いません。

ただ人事が研修を設計するとき、それがただの「知識のインプット」ではなく、**「何かの種火を与えるもの」「心に火をつけるきっかけになるもの」**だということを、理解しておいていただきたいのです。


抽象的な話が続いたので、具体例をあげてみます。


私が有効だと思う研修法のひとつに、**「360度評価」**という手法があります。

例えばマネジメント研修を行うとします。

「いいマネジメントとはどんなものだと思いますか」「それを実現するためには、あなたには何が欠けていると思いますか」という程度の問答は、いわば「知識のインプット型」のちょっとした進化形でしかありません。

「360度評価」では、いくつかの質問をつくり、相手に自己評価させます。

例えば管理職向けであれば、マネジメント力を構成するような質問「メンバーに仕事を任せる場合、仮説や腹案を持っているか」「反対意見を持つメンバーや同僚・上司をきちんと説明・説得しようとしているか」など。回答は、○×の記入でも構いません。

そして同時に、その人の周囲の人にも同じ質問紙を配り、その人を評価してもらいます。同じ項目について、上司、同僚、部下などから、○×をつけられるわけです。

少なからず、その結果にはギャップが出ます。受講者は「おれ、自分ではできてると思ってたのに、みんなはできてないと思っていたのか！」というショックを受けます。

その「ショック」こそ大切なものなのです。

「楽しい」「面白い」といったポジティブな感情でも、「ショックだ」「驚いた」というネガティブな感情でも構いません。とにかく、**「相手の感情を動かし、心に火をつける、なんらかの種火を与える」こと**、それこそが**「現実の場所や時間を費やす価値のある」研修**なのです。

19 できる人事は、研修は人の心に火をつける場だと考えている！

20 できる人事はコミュニケーションのある研修を行い、ダメ人事はパワーポイントで研修する。

「気づき」を与えて「何らかの感情の種火をつける」研修の具体例としては、大雑把な表現ですが、**「フィジカル的なもの」「体を動かすもの」が有効**です。

例えば、研修の中に「遠足」や「バーベキュー」を取り入れるのも、多くの場合いい結果をもたらします。パワーポイントとホワイトボードの予備校型の研修より「何かに気づく」可能性が高いからです。

パワーポイントなどによる座学の研修は、すでに明確に知識として体系化されているものを効率的に「伝達する」ことには適しています。知識を得るために、受講者には、レクチャーされる言葉・内容に関して、冷静に客観的に聞くことを求められます。そこには自分の「思い」は必要ありません。むしろ、自分の「思い」を排除して、素の状態で知識を取り入れることが重要とされます。

これはこれでいいのですが、この状態で、受講者の心に「種火」がつくということはないでしょう。

一方、受講者自身が能動的に動いて、「自分の中から」何かを生み出す、つくり出すようなアクションを伴う研修は、自分の「思い」が重視されます。自分の深いところにある「思い」を明らかにすることで、本当の動機づけ、つまり心に「種火」をつけるということになるのです。

人は、自分の「思い」にはなかなか気づきません。よく言われることですが、「自分のことは自分が一番分からない」のです。そういう「分からない」自分の思いを知るために、フィジカルなワークショップなどのアプローチ方法があります。

みんなで何かひとつのものをつくり上げたり、ダンスや運動をしたりする方法です。

人は自分のイメージを言葉によって固めてしまっていることが多いのですが、このような非言語のワークを行うことで、「自分にはこんな思いがあるのかもしれない」という気づきに至るわけです。

人は自分から出てきたものは大切にするものです。そんな風にして再発見した自分の「思い」が、仕事をしていく上で長続きするモチベーションの「種火」になります。

本書を読んでいただいているうちの40代～50代の方々にとっては意外なことかもしれないのですが、**「今の若い世代は、社員旅行や社内イベントが、むしろ好き」**です。

社内旅行でみんなまとまって熱海の旅館に行き、ドンチャン騒ぎをしながら親睦を深めるとか、家族を招いて運動会なり社内見学イベントなりを開くことは、高度成長期時代の遺物であり、現在では廃れたものと思われがちでした。

実際、「団塊ジュニア」と呼ばれる世代は、今でもそういう「昔ながらのな～な～な社内関係」を嫌い、自分のプライベートを重んじることが多いです。

が、私が何百人もの若い社員たちに聞いた感触として、彼らの世代は「縛られた感覚」と捉えていません。集団行動や、仲間の団結というものを意外と嫌がることなく、むしろ楽しみます。

２０１３年にアイドル・グループＡＫＢ48の「恋するフォーチュンクッキー」という曲が、

著作権者を意図して自由化したことを発端に、「さまざまな団体が、歌に乗せて集団で踊り、それをYouTubeにアップする」という現象が全国的に流行しました。

もともと若くノリのいいＩＴ系新進企業だけではありません。お堅いはずの各市町村役場の職員たちが一丸となって地域ＰＲのためにその「ダンス動画」をアップしたり、オジサンばかりのタクシー会社が同じように参加して視聴者から喝采を浴びたりしています。キメの瞬間にはまさかの市長や社長が登場したりと、みんな嬉々としてダンスを覚え、心の底から嬉しそうな顔を見せているのです。

その中心となっているのは、ほとんどが「ゆとり」だの「さとり」だのと言われ卑下された、若い世代でした。

雑談が長くなりましたが、**「研修とは、パワーポイントで一方的に知識を与えるものではなく、相互コミュニケーションに巻き込むことによって、何らかのモチベートの種火を与えること」**という趣旨は、お分かりいただけたでしょうか。

20 / できる人事は、研修は一方通行のものではなく、相互作用のあるものだと知っている！

21 できる人事は未経験者を配置し、ダメ人事は経験者を配置する。

ある仕事が生じてそれを誰にやらせるかを考えると、「その仕事が一番できる人」をそこに配置しがちです。これはこれで、短期的なパフォーマンスも上がる、現実的な方法です。しかし「組織全体の能力を高めること」を考えると、**実はこれ、マイナスになりかねない方法**なのです。

その人はその仕事ができるからそのポジションに就いたわけで、当然、1年後も同じ仕事を続けることになります（なぜなら「その仕事が一番できる人」だから）。これを5年も繰り返すと、その人はずっと同じ「すでにできること」を反復するだけで、必ずマンネリ化します。

昔はスーパースターだった人が、このように「塩漬け」にされたことで、そのうち凡庸な人になってしまったというケースを何度も見てきました。

一方で、できる人の代わりに任せたら、最初は力足らずでも能力が伸びた人もいるのです。**「上が詰まっていて、下の者にチャンスが与えられない」**という状態です。

その結果、残念ながら、外にあるチャンスを求めて、転職していった優秀な若手を何人も見てきました。

そこで、少しだけ発想を変えてみましょう。

「仕事」を「利益を追求するための場」と捉えるのでなく、**「育成しながら、利益を追求する場」**として考えるのです。

会社がまだ小さいうちは、**「仕事は育成の場でもある」**なんて悠長なことは言っていられないでしょう。

ただ、少し余裕ができたときには、仕事を育成の機会と捉えて、「今の時点でこの人はできないだろうけれど、3カ月なり半年なりの訓練をすればできるようになるはず」といった視点を持って欲しいのです。

つまり**「その仕事が一番できる人」を配置するのでなく、「その仕事によって一番伸びそうな人」を配置**するのです。

伸びたら伸びたでそこに留めておくのではなく、もう一段階上の仕事に就かせる。その人のいたポジションにはもちろん、新たな「伸びそうな人」を据える。それを組織的に繰り返すのです。

「チャレンジ配属」とか**「育成配属」**などと呼ぶこともあります。

また、**「Shrink to Grow」**という言い方があります。

直訳すると「伸びるために縮む」、つまり「成長するためにいったん身をかがめる」という意味です。ジャンプをするときに、いったん膝を曲げてしゃがみ込むのとも似ています。

この「Shrink to Grow」を繰り返すことで、個々人の能力が伸びていき、その総和としての組織の能力も上がっていく、というわけです。

もちろん「Shrink（縮む）」の段階では、いったんその人のパフォーマンスは下がります。ですがこれはある種の投資です。短期的に「Shrink」したときのリスクを、中長期的な「Grow」の段階で、より大きなリターンとして回収します。

もちろん誰でも彼でも「Shrink」させていればリスクばかりが大きくなり、会社は大ケガをしてしまうかもしれません。が、そこはバランスの問題であり、人事の采配力の見せ所でもあります。

逆に絶対に避けて欲しいのが、人事や現場が優秀な人間を何年も手元において、塩漬けにしてしまうことです。

一時はスター選手だった人材が、成長するチャンスを奪われることでそのまま老いていくのは、その人にとってはもちろん、組織にとっても大きな損失です。

さらにひとつつけ加えるならば、特に**将来のトップやリーダーを育成したい場合**は、本人には多少負担となろうとも、その人の能力内でできる仕事からあえて引き離し、過大なチャレンジをさせましょう。大きく成長する可能性があります。

できる人事とはそこまで考えて人材の配置を考えるべきだと思います。

22 できる人事は異質なチームをつくり、ダメ人事は同質なチームをつくる。

「できる人事は異質なチームをつくる」「ダメ人事は同質なチームをつくる」と、標題ではあえて極端な表現をしてみましたが、**「同質な（人の集まった）チーム」**が一概に悪いというわけではありません。

「同質なチーム」は似たもの同士の集団のため、あうんの呼吸によって物事がスムーズに動き、問題も起こりにくく、コミュニケーション・コストが安くすみます。単純に、メンバーにとって居心地がいい、という面もあります。スタート・ダッシュが速いのも「同質なチーム」の特徴です。意思疎通がしやすいから、仕事の立ち上げ期間が短くてすむのです。

反面、そこには「マンネリ化のデメリット」もあります。

多くの研究によると、この**「マンネリ化のデメリット」は、ほぼ半年間で「スタート・ダッ**

シュのメリット」より大きくなると言われています。つまり半年以上経つとそのチームのパフォーマンスは低下していきます。

特に問題なのが、そこにいるのが同質な人、要するに同じような感覚・同じような視点を持った人材ばかりであるため、**新しいものの見方や新しい発見をするのが苦手**なことです。「創造性が小さい」と言い換えてもいいでしょう。

昔、人事のメンバーが優しい人ばかりで同質化してしまったとき、みんな考えることが同じで、新しい採用手法が生まれなかったことを思い出します。

では、できる人事がつくる「異質なチーム」とはどういうものなのでしょうか。

もちろん、単にバラバラの人間を集めろ、というわけではありません。**お互いに補完関係にある、**つまり互いの欠点を補い合うことができるような集合体であることが前提です（17項でも述べました）。

そういう「異質な」チームを構成すると、初期段階では誤解が生じたり説明コストがかかったりといった問題が起こります。

それでも**「異質な人が集まったチーム」**を構成するのは、最終的にはそのほうがいろいろな知識やものの見方、新しい発見など（つまりは**「創造性」**）が見込めるからです。

また、社会情勢・経済情勢の移り変わりが激しい昨今では、「去年までとは違った問題」「先月までとは違った課題」が次々と現れてきます。

そうした場合にも、さまざまなタイプの人材がいるチームであれば、「去年はおまえがやったけど、今度はおれの得意分野だからおれが対処する」「ではこれまでとは違うこういうフォーメーションで取り組むことにしよう」などといった対応がスムーズにできます。

皆さん、**「ふたりのスティーブ」**の話はご存知でしょうか。

１９７０代中盤、カリフォルニアの北部に、同じ「スティーブ」という名を持つふたりの青年がいました。ひとりはハンサムで話がうまく、強情で気難しいところもあるのに、人心をつかむのに長けていました。創造性は非常に豊かでしたが、自分で何かをつくり出す力はやや劣っていました。

もうひとりのスティーブはまるで逆。小太りで決してハンサムとは言えませんでしたが、陽気な人柄から多くの人に慕われるような存在。しかし本人は今でいうオタク気質な部分があり、当時はボードコンピュータの設計に夢中でした。

この容姿も性格も正反対なふたりがなぜか意気投合し、ガレージを本社兼工場として資本金1、200ドルで設立したのが、後のApple社。

スティーブ・ジョブズとスティーブ・ウォズニアック、ふたりの「異質な」天才が交わったことで、世界を巻き込むような革新が生まれたのです。

「異質な人をまとめたチーム」をつくるのは、たしかに大変です。初期コストもかかれば、本人たちの心理的負担も（ついでに人事の心労も）大きなものになります。

しかし**「創造性」や「変化対応性」が求められるこれからの時代においては、必要不可欠なコスト、避けられない苦労**だと思ってください。

22

できる人事は、異質なチームの創造性を重視する！

23 できる人事はその人ができることに着目し、ダメ人事はその人がしたいことに着目する。

人事の業務のひとつに、キャリアに関する希望を聞く面談があります。新入社員や従業員に対して、異動の希望などを聞きながら、今後どのようなキャリアを積みたいかをアドバイスする役割です。これはその個々人にとっても、組織全体にとっても大切な役割です。

ただこのキャリア面接の中で、私が違和感を覚えていることがあります。それは一言で言えば**「やりたいことを仕事にしましょう」**という考え方。

しかし、やや突き放した言い方になりますが、**「やりたいこと」と「できること」は違います。**

変化に順応しやすい幼児期から10代の終わりくらいまではともかくとして、20代・30代になって急に「やりたいこと」を「できること」にできるでしょうか。

もちろん、絶対に不可能だとは言いません。あくまで一般論としてですが、すでに大人になった人にとって、**「やりたいこと」を「できること」に変えるのは至難の業**です。

そこで私が提案したいのが、発想の転換です。「やりたいこと」を「できること」にするのではなく、**「できること」を「やりたいこと」だと感じるように方向づけて**あげればいいのです。

カウンセリングを受ける人に対して、「あなたにできること」を突き詰めて考えてもらいます。**「自分の棚卸し」**とも呼ばれる作業です。そして、その「できること」を、まず仕事として与えます。するとその人は**「自分にできること」に喜びを感じ、充実感を覚え、次第にそれが「やりたいこと」に変わっていきます。**

キャリア・カウンセリングの中でさんざん使われる言葉に、**「WILL・CAN・MUST」**というものがあります。

WILL……その人がしたいこと

CAN……その人ができること

MUST …… その人がしなければならないこと（＝仕事）

という意味で、この3つの重なりが一番大きくなるような職業を選ぶことが、その人のキャリアにとって重要だとされています。

この中で大切なのは「CAN」と「WILL」。

多くの人が考えるキャリアの優先順位は、**「WILL」→「CAN」→「MUST」**です。

しかし上で述べた発想の転換をすると、この順序は「CAN」→「WILL」→「MUST」となります。

「CAN（できること）」をスタートラインとして、「WILL（やりたいこと）」を考えるのです。このほうが実現の可能性ははるかに高くなります。

残念なのが、昨今、就活生に対して「あなたのやりたいことを考えよう」「WILLを想定しよう」という、一見夢の

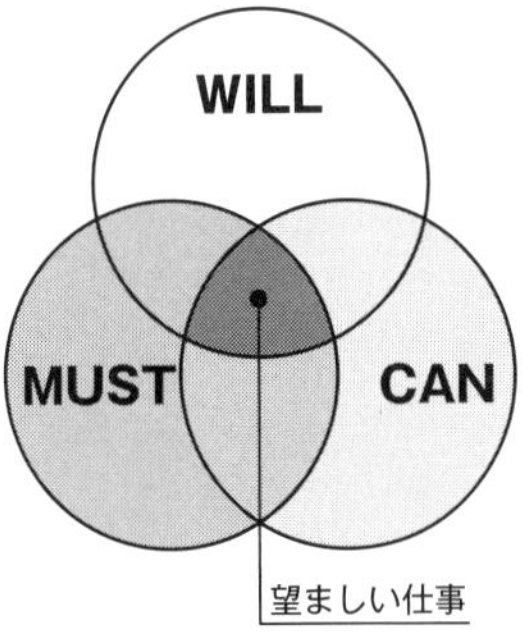

あるような思考が言いはやされていること。

その結果、学生さんは、「私まだ、自分のやりたいことが分からないんです」といった漠然とした不安、悩みを打ち明けることが多くあります。

いや、違うのです。「やりたいこと」は探すものではなく、「気がつけばそこにあるもの」です。「そこにないもの」を探すことに懸命になっても、多くは徒労に終わります。

私が実際に2万人ほどを面接してきた中での実感で言うと、本当に「WILL（自分のやりたいこと）」を仕事にしている／仕事にすべき人材は、全体の1割程度です。

彼らは、それくらい強い熱意で「自分のやりたいこと」を持っています。

人事のすべき仕事は、「できること」がどんなに面白く、「やりたいこと（やってよかったこと）」に変化しうるかを示唆してあげることだと、私は考えます。

23

できる人事は、その人の「できること」を「やりたいこと」に変換させる！

24 できる人事は流れに身を任せ、ダメ人事は未来を予想する。

キャリア教育をやっている人の多くが頼りすぎていると私が感じるものに、「キャリア・デザイン」があります。

キャリア・デザインとは、自分のキャリアや、人生のゴールを設定し、そのためにはどういうコースをたどるべきかを設計することです。

「何歳までに何を習得し、何歳くらいで転職し、何歳でどういう地位に就くか――。この事前計画を緻密にすればするほど、正確でいいキャリアを歩めるはずだ！」という考え方の人もいます。

が、私はこの**「キャリア・デザイン」に頼りすぎることは、変化の激しい今の時代にはそぐわない**ものだと考えています。

もちろん、キャリア・デザインが有効な場面・職種もあります。

それは「あまり変化のない業界」です。例えば、歌舞伎の世界がこれから急激に変化することはないでしょう。だからこそ、歌舞伎役者の子は3歳から伝統的に決められた手順を踏んで、一人前になります。

しかし、今の**社会の大多数は「変化のある業界」で、しかもその変化は大変に激しい**ものです。

25歳で設計したキャリア・デザインに沿い、何十年もかかってやっとそのゴールにたどり着いたとき、そのゴールはもう廃墟になっているかもしれません。業界ごとなくなっている可能性すらあります。

あまりに細かくカッチリとした計画を立て、前だけしか見ずにゴールに突き進んでいくようなことは、無謀です。

狭い視界のすぐ脇には、もっと大きなチャンスがあるかもしれません。自分の脇に大きなチャンスがやってきても、「自分のキャリア・デザインにはない項目だから」と黙殺してしまうことが怖いのです。

さまざまな業界で成功した人の人生を調べてみると、彼らは**「人生の中で起こった偶然」**を上手に利用しています。

事前の計画にはなかったチャンスの種が見つかれば、それに乗っかってみます。ただしガツガツとチャンスを探しているわけではなく、たまたま近づいてきたチャンスを軽いノリでつかみにいくのです。「ダメならダメでいいや」と。この姿勢を**「キャリア・ドリフト」**と呼びます。

変化の激しい業界では、一見いいかげんなこういう姿勢のほうが、よりよい結果をもたらすと言われています。

これらを「人事の仕事」という観点から考えると、「キャリア・デザイン信仰」に凝り固まっている人は、「現状を見極め、将来のゴールを設定し、そのためにはどういうステップを踏んでいくのが正しいか」という研修・育成を行ってしまいます。

しかし、「キャリア・ドリフト」の観点も取り入れることができる人ならば、相手に**「今の仕事を意味づける力」**をつけるような研修・育成を設計します。

つまり**「今の仕事は自分にとってどういう意味があるのだろう」「私の運命は、この仕事、このチャンスによって自分をどこに向かわせようとしているのだろう」**と考えさせるのです。

言うまでもないことですが、「キャリア・デザイン」が非常に重要で有効な場面もあります。それは**「何かの節目」**です。何か大きな方向転換をしようとするとき、難破船のようにゴールも目標もなく進んでいくことはできません。そして、その節目節目の間を、「キャリア・ドリフト」で埋めていくのです。それによって、ゴールや目標が変わることもよしとします。

「キャリア・デザイン」が過大に重要視されている現代だからこそ、この「キャリア・ドリフト」という、一見いい加減な観点を皆さんが少しでも身につけてくれることを、切に願います。

24 できる人事は「デザインできない人生の運」の効果を知っている!

第4章

退職対応 編

25 できる人事はリストラを言い渡し、ダメ人事は退職者を募る。

給与や配属などについては、上司（や人事）と本人が膝をつき合わせて話し合うのが本来のあるべき姿です。

となると、人事にとっては最も頭が痛く、できれば避けて通りたい「リストラ」にも話がつながります。

ご存知のとおり「リストラ」の語源の「リストラクチャリング」には「（組織などを）再構成・再構築する」という意味しかなく、「コストカットのためにムリヤリ首を切る」というような負のイメージだけを持つものではありません。

むしろ**「健全な再構築」**として使われることのほうが多い言葉ではないでしょうか。

しかし1990年代初頭のバブル崩壊以降、デフレ経済の進行に伴って各企業は事業縮小・人員削減の必要に迫られ、その後ろめたさを軽減するために「首切り」という言葉を「リストラ」と変えることが多くなりました。

本来なら、**リストラのような「突然の大規模な外科手術」は組織にとっても従業員にとっても望ましいものではありません。それが必要となるより何年も前から徐々に体質改善をしていくのが人事の仕事**のはずです。

が、現実にその「外科手術」が必要となるケースが頻発している今、理想ばかりは言っていられません。

では、急な人員削減が必要となったときにとるべき行動とは、どのようなものなのでしょうか。

多くの場合、人事は「制度」で解決しようとします。

例えば「今自主退職をしてくれれば500万円の退職金を上乗せします」などのインセンティブを示して、自主退職者を募ります。

しかし皆さんご存知のとおり、そうした制度をつくれば**「辞めて欲しくない人から辞め**

ていく」「辞めて欲しい人だけがしがみついて残る」という皮肉なケースが多々起こります。

辞めた人だけでなく、残った人にもその傷跡は大きく残るでしょう。


本当のリストラは、「辞めて欲しい人」と膝をつき合わせ、

「非情なお願いだとは分かっている、しかしこの会社のために退職を考えて欲しい。

あなたも、ここにいてもたぶんマンネリ化した仕事しかできない。

少なくとも快適な職場環境ではないと思う。

もしかしたら、もっと適した職場が他にあるかもしれない。

ここは新しい人生を模索したほうが、お互いのためになるんじゃないか。

もちろんできることは最大限協力したい」

——と話し合いで解決するのがベストな在り方です。


もちろん皆が皆「ハイそうですか」と言うはずもなく、人事にとっても当人にとっても、大変ストレスがある話し合いになるでしょう。

私が直接見てきた経験から言えば、担当の人事には、十円ハゲや胃潰瘍などは日常茶飯

事です。しかしそのストレスさえも、肩を叩かれた側、いわば「あなたはいらない人間です」と宣告された側のストレスに比べれば、小さなことでしかありません。

繰り返しになりますが、このような**ムチャなリストラが必要にならないように前もって手を打っておくことが一番大切**です。

しかしどうしてもそれが必要になったとき、リストラを敢行しなければ会社組織そのものがなくなってしまうようなときもあります。

そのときは、**ひとりひとりの従業員と向き合い、互いに真摯に問題解決**の方策を探していくことが、唯一の正しい道だと思います。

組織人として、ビジネスマンとして、そして何より人間として。

25 できる人事は、ひとりひとりと話し合いをする！

26 できる人事は退職者を卒業生と見て、ダメ人事は退職者を落ちこぼれと見る。

私が長年お世話になったリクルートで、私が特に好きな面、いい特徴だと思っているのは、**「退職者を大切にし、いつまでも仲間意識を持っていられる」**という部分です。

リクルートの特徴的な文化や制度はいくつかあり、「社内異動の自己推薦」や「社内新規事業（社内起業）の支援」、「副業の公認」などがあげられます。その中でも、世間で最も知られていたのは「38歳フレックス定年制度」ではないでしょうか。

早期退職・独立起業を会社が勧め、38歳以上になると退職金が大幅に割り増しになる、という制度です（※現在は多少制度が変わっています）。

一般的な企業では「退職」には悪いイメージがつきがちですが、リクルートでは「退職者」は「卒業生」くらいに受け取られます。同じ学校の卒業生の多くは、母校を愛し、当時の仲間とは久しぶりに会ってもすぐ打ち解けられるもの。それと似た雰囲気が、リクルートにはあります。

……と、こう続けていくと「リクルート礼賛」の提灯《ちょうちん》記事のようになってしまいますが、もう少しだけおつき合いください。

日本人・日本企業の多くが**「退職」を「首切り」「リストラ」「落ちこぼれ」といったマイナス・イメージで捉えてしまっている**という現状があります。これを私は変えるべき、変わるべきだと考えています。何もリクルートの施策をコピーする必要はありませんが、ここで言いたいことは、リクルートはそれを実践している数少ない企業なのです。

さて、私自身がリクルートの退職者だということはすでに述べたとおりです。しかも二度も退職しています。入社５年目、27歳で一度退職し、いくつかの企業で経験を積んだり起業を手伝ったりした後、30歳でリクルートに再入社しました。いわゆる「出戻り」ですが、そういう人間も決して稀ではありません。

退職者ばかりでなく出戻りにも寛容なリクルートは、一度裏切った私（しかも若気の至りで上司にたんかを切って辞めた）を退職前と同じ部署で出迎え（たんかを切ったときと同じ上司でした……汗）、最終的には人事部採用グループのゼネラルマネジャー（採用責任者）にまでしてもらいました。

リクルートは現役社員と元社員が濃くつながっている以上に、元社員同士がさらに濃く強いネットワークを持っているのも特徴です。

人材輩出企業としても有名で、あらゆる業界にリクルート出身者が存在しているといっても過言ではありません。ＯＢたちは単なる情報交換や友人づき合いだけでなく、お互いの現在の事業に接点を見出すと、すぐに仕事の話が展開されます。人脈は皆豊富ですから、たちどころに新しい事業が組み上がったりもします。

困ったときも同様、元リクルート社員だと言うだけで、年代の違う先輩・後輩から救いの手がさしのべられることも少なくありません。

リクルートの同期の社員が退職するときの送別会を、すでに辞めて何年も経つＯＢの同期が主催したりすることさえあります。

少し視点を変えると、こういった**「退職者も仲間（卒業生）」と見なすことには、現役**

で働いている人たちにもいい効用を与えます。

比べてみてください。「この前辞めたあの人、駅で会っても無視されたよ」「会社もひどかったからねえ、恨んでて当然じゃないの」というパターンと、「この会社なら、辞めたとしても親しく面倒を見てくれる」「先輩同士のネットワークもある」ついでに「仕事や人材まで紹介してもらえる」というパターンを。

企業内で働くものにとって、よき退職者のモデルケースや、ＯＢの親密なネットワークは、働く上での大きなモチベーションとなりえます。

この章ではややアナログ的感覚で「退職」についての私の考えを述べましたが、27項では「人材の損益分岐点」というもの、28項では「適正な退職率」というものを、もう少し数学的に整理して解説しています。あわせてご参照ください。

26 できる人事は、退職者ともいい関係を築いている！

27 できる人事は計算が得意、ダメ人事は苦手。

「人は商品ではない！」「モノを扱うように数値化するべきでない！」と思われる方もいらっしゃると思いますが、まずは話をお聞きください。

ある仕事に対して、**ひとりの人材が「一人前」になる期間がどれくらいなのか**、ということを把握してください。10年経ってやっと一人前になる仕事なのに、10年経たず何人も辞めていってしまえば、会社にもその本人たちにとっても得にはなりません。会社は何年も無駄な給料を払い、本人は何年も無駄な時間を過ごしたことになります。

ここで考えるべきは、**人材の「損益分岐点」**です。

会社にとっても本人にとっても、「この時点で辞めればお互い損をしない、トントンになる瞬間」です。

よく知られているように、新人が就職してからの数年間は、もらっている給料分の仕事ができないので、いわば会社側が**「先行投資……①」**をしている状態です。

ところが彼／彼女が「一人前」になると、「もらっている給料分の仕事ができる（＝一人前）」ようになり、さらに年数が進めば、**「もらっている給料以上に会社に利益をもたらす……②」**存在となります。

ここで、会社側が**「①先行投資」した分と「②成長して会社に貢献した利益」がイコールになる時点、これが「人材の損益分岐点」**です。

短絡的に、あるいは心情的に考えれば、損益分岐点を過ぎた人材は、給料以上の利益をもたらすパワーを持っている優秀な人材なわけですから、いつまでも会社に残っていて欲しいものです。

が、あくまで数字の世界、理論の世界の話では、「損益分岐点を過ぎた人材は**いつ辞めてくれても損にはならない人材」**とみなされます。

例えば若者向けのアクセサリー・ショップの店員は、損益分岐点がおそらく1〜3年くらいでしょうか。仕事を覚えて一人前になるのも早いですし、「若さ」や「新鮮さ」も武器になりえる職種です。そのかわり損益分岐点が短期間でくるので、新陳代謝の早い業界になっています。

私がいたリクルートも、損益分岐点が比較的若い会社でした（30前ぐらいでしょうか）。若い人材にもどんどん活躍の場を与え、また、サービスの対象も若者向けだったので、若くして編集長やチームリーダーに抜擢される人が多くいました。

会社としては、「若いうちに十分元を取った（損益分岐点を超えた）から、後は応援するから自由にやっていいよ」という社風があり、それによって多くの「元リクルート社員」が起業しています。

まったく別の業種を見てみると、例えば寿司職人や宮大工のように、親方の元について長年の修行が必要な職種だと、損益分岐点は20年とか30年とかになるのかもしれません。途中で辞めると（数学的世界では）親方も組織も、辞めた本人も損をします。

左下の表を見てください。

27 できる人事は、人材の損益分岐点を計算する！

❶の時点で人材が退職すると、その人はまだ一人前になっていないので損をして、会社はその人への先行投資分を損します。

❷の時点で人材が退職すると、その人は一人前の技量を獲得していますが、会社はそれまでに負担した先行投資を回収できていません。

❸の時点で人材が退職すると、「損益分岐点」を越えており、会社は先行投資を回収しているどころか、その人がいてくれたほうが利益が上がるのですが、今度は「人事の目詰まり」つまり「上が抜けないので下が育たない」など、別の問題が出てくる可能性があります。

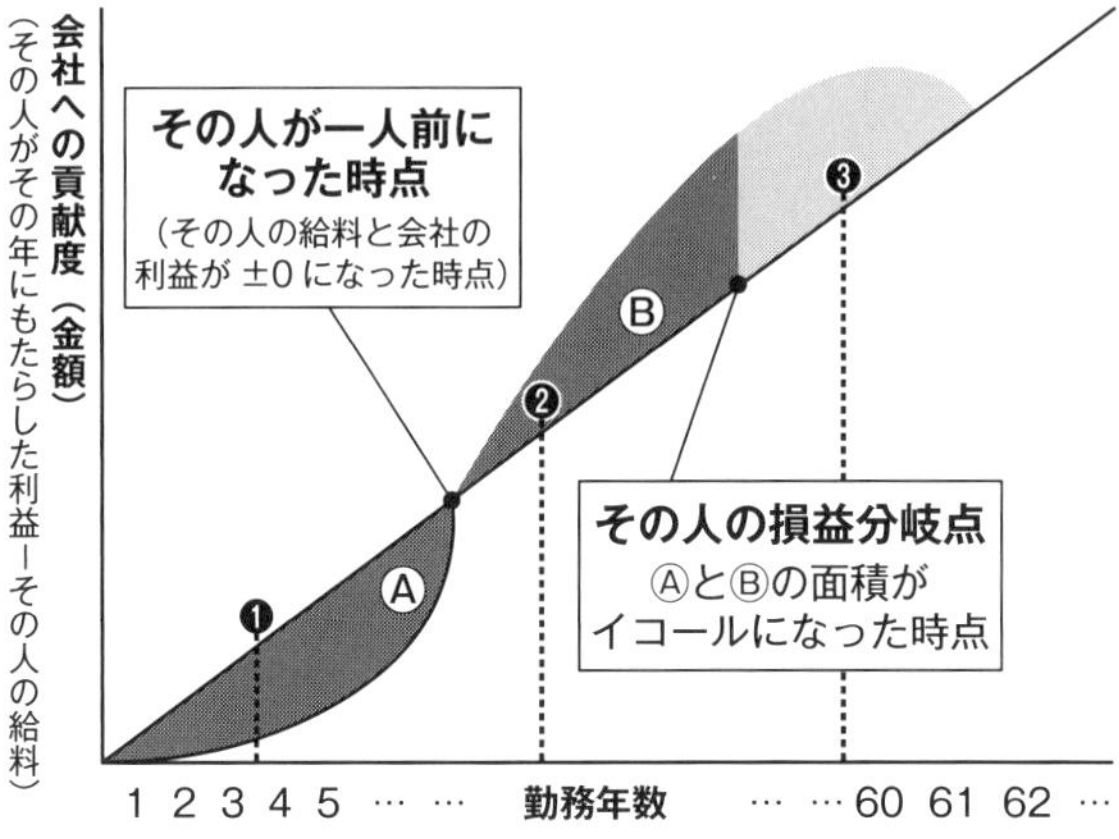

28 できる人事は人が辞めることを嘆かず、ダメ人事は辞めないように奔走する。

組織の基本として「淀めば濁る」ということがあります。

川の流れが、停滞すると水は濁り、魚も水草も死んでしまう。

これと同じように、どんな優秀な人でも、同じことばかりやっていたらマンネリ化してしまいます。また、本来なら上にいって新しい経験をできたはずの下の人材も昇進できないまま腐っていきます。

だから人事は淀みや濁りを流し去るために、その会社や事業について、**適正な一定数の「退職率」というのを考えておかねばなりません。**

「退職率」とは、「1年間の退職者数÷全従業員数」のことです。

まず言っておきたいのは、**「人が辞める＝悪いこと」ではない、**ということです。

「適切な退職率を超えてどんどん人が辞める」のが、悪いことなのです。

逆に**「適切な退職率以下の状態が続き、ぜんぜん人が辞めない」というのも悪いこと**です。

人事はまず、そのことを理解してください。

「適切な退職率」という言葉だけを聞くと、いかにも経営者の身勝手さや、有無を言わせぬリストラをイメージしてしまいがちですが、それは誤ったイメージです。「適切な退職率」を把握し、キープすることは、その組織自体にとっても、退職していく人にとっても、その後に残された人にとっても、必要なことなのです。**「川の淀みや濁りを調節し、清流を保つ」こと**だと考えてください。

そしてそのタスクを背負うのは、人事の仕事だと言えるでしょう。

では**「適切な退職率」**とはいったい何％ぐらいなのでしょうか。

リクルートでは、「適切な退職率」はおおむね８％ぐらいだとされていました。

新入社員が１００人いる会社だとしたら、１年間にそのうち８人が退職するくらいがちょうどいい、という計算になります。
1年間で8人辞めるということは、およそ12年半で、理論上は（実際は、もちろん何人か残るでしょう）100人全員が辞める計算になります（100÷8＝12・5）。ということは、新卒採用者が平均23歳だったとして、35歳過ぎがその組織ピラミッドのトップ（組織長など）になります。

ここで**人事は逆算します。自分の組織を見立て、「組織ピラミッドのトップ」を何歳にするべきかを設定するのです。**

もしこのトップを43歳にしたいような業種であれば、「人材の損益分岐点」を20年と設定し（43歳－23歳＝20年間）、制度設計をします。その場合、「適切な退職率」は5％となります（100÷20＝5）。つまり、ある年に100人の採用をした会社で毎年5％の人が辞めていけば、20年後にはその人たちが全員退職し、組織ピラミッドの頂点は（人事の設計どおり）43歳になる、ということです。

極端な例ですが、熟練したシニアの63歳を頂点とするような組織が求められるならば、人材の損益分岐点は40年（63歳－23歳＝40年間）で、毎年の適正退職率は2・5％です

（100÷40＝2・5）。

このように「適切な退職率」を設定することはとても大切なことです。もしこれを避けて漫然と人事活動を続けていると、必ずどこかで組織の停滞が生まれ、いずれその歪みや淀みが全体を脅かすようになります。

最悪なのは、その時点に至って初めて大規模な外科手術（例えば無闇なリストラ）を行うこと。組織にも個々の人間にも大きな痛みを与えた上に組織力の回復も難しくなります。自然な新陳代謝で入れ替わるべきだった細胞をムリヤリ引き剥がすような大手術だからです。

そうならないためにも、人事は**「川は淀むと濁る、組織は停滞すると歪みを生む」**ということを念頭に置いておきましょう。

28 できる人事は、組織が停滞することは命取りと考えている！

29 できる人事は「よい退職」と「悪い退職」を見分け、ダメ人事は「悪い退職」への対処を知らない。

時間と手間と経費をかけて採用した相手に、すぐに辞められてしまうことはよくあることです。会社にとって損失であるのはもちろん、本人にも何もプラスにならないキャリアの積み方です。

とはいえ、そこにはさまざまなパターン、さまざまな事情があります。

まず、よく世間で言われる**「新卒の3割は3年以内に辞める」**というパターン。社風にもよりますが、私の経験としては、おおむね間違っていない数字だと思います。

入社して間もない時期に退職を申し出るのは、本人の資質不足や、期待と現実の差が大きすぎた場合などがあります。が、これは人事が選考段階で適正な判断をし、**「内定者には入社前から適切な情報を与える」「内定を出した後に実際の社内業務を体験させる」**などの工夫で回避できることです。

もっとも、単純に「すぐに辞めそうな人材はそもそも採らない」というのが一番大切なのですが……。

次に、ある程度社歴を積んだ中堅層の退職・転職を考えてみます。

「終身雇用」「年功序列」といった旧式の（でもそれはそれで利点のあった）制度が崩れ去っている昨今、「転職（＝退職）」は必然的に活発になってきています。

しかし、まず前提として、中堅層の退職は会社にとって必ずしも悪いことではなく、むしろ組織の新陳代謝のために必要なことでもあると認識してください（27項・28項を参照）。

一方、会社側にも人材側にも利点のない、「悪い転職（＝退職）」も数多く存在するのが現実です。

実は、新人・中途に限らず、**退職・転職希望の原因の多くは、上司とのミス・マッチングです。**

中途採用の面談などをしているとよく分かりますが、皆さん最初は転職を希望する理由として、絵に描いたように立派なことをおっしゃいます。

「もっと大きな舞台で自分を試してみたい」「違う分野で自分の可能性を伸ばしてみたい」

……。が、親身になってよくよく話を聞くと、**転職を希望する理由の9割は、実は「社内の人間関係」です。**特に、上司との人間関係。実は、そんなベタな理由が、現在の転職市場の一端を支えているのです。

しかしこれも、上司の性格が悪いとか本人の能力が低いとかの前に、**人事のマッチングが間違っていて、それを部下が「退職」という最終手段を選ぶまで放っておいたのがいけないのです。**

極論すれば、対応は簡単です。

例えば異文化に耐性のなさそうな人材は、同質の上司の下につける。異文化に耐性のありそうな人材は、思い切って異質の上司の下につける。社内のどこかで軋轢《あつれき》が起こってないか俯瞰し、必要なら面談や配置転換や組織変革などを考える。

できる人事は「悪い退職」を防ぐため、日々敏感でいるべきです。

最後に、本書は企業の人事担当者を対象として書いたものですが、転職活動中の方が読んでくださっている場合もあると思います。ここで述べるのは、そんな方へのメッセージです。

頻繁に転職を繰り返す人を揶揄《やゆ》する言葉で、「ジョブ・ホッパー（バッタのようにピョンピョン跳ねて場所を変える人）」というものがあります。転職市場の自由化が進み、外資流の考え方も入ってきた近頃は、よい案件があればどんどん会社を移っていく人も見られます。

ですが、単純に考えてみてください。仕事を腰掛け程度にしか思わず、短期的に辞めていくと思われる人材を、会社側が長期的に大切に扱ってくれることがあるでしょうか。最近も、知識と技術を持った日系メーカーの社員を高給で引き抜き、その知識と技術を吸い取った後はポイ捨てする、そんな外資系企業の事例も耳にします。

私は転職・退職によって、労働市場が流動的になることについてはどちらかと言えば賛成派なのですが、こういった「悪い退職」もあることは、知っておいて欲しいと思います。

29 できる人事は、人のミスマッチを見極めて事前に対処できる！

第5章

評価・報酬 編

30 できる人事は腰が重く、ダメ人事はフットワークが軽い。

組織とは「ジェンガ」のようなものです。ご存知だと思いますが、左の絵のように木片を積み重ね、それを崩さずに1本ずつ抜いていくゲームです。けっこう危なげな1本を抜いても大丈夫だったり、意外な1本を抜いただけでガラッと崩壊したりします。

組織文化も同じです。**さまざまな要素が絶妙なバランスで成り立っていて、**どの部分を排除したらどこが崩れるか、どれを抜いてしまうと全体が崩壊してしまうか、誰にも予想することはできません。

組織文化がジェンガと違うのは、一度壊れたらもう元には戻せないことです。

例をあげてみましょう。

ある会社があります。社風（組織文化）は、よく言えば「自由闊達《かったつ》で独立心のある人が多く、エネルギッシュ」。悪く言えば「ハチャメチャな人が多い」会社です。対外的にも、独創的なアイデアでつくったサービスを次々と提供しています。

さてあるとき、この会社で経費の使い方が問題となりました。ハチャメチャな社員たちは経費の使い方もいい加減で、細かいことを考えずに使っています。

そこで経理部は、引き締め策を講じました。まずは細かいところから、交通費精算を厳密化します。社員たちは毎週、目的地などを記入して精算表を提出することが義務づけられました。以前は大雑把だった交際費もきっちり引き締めます。金額に上限を設けた他、毎回、参加メンバーや接待の目的、利用店などを報告させます。

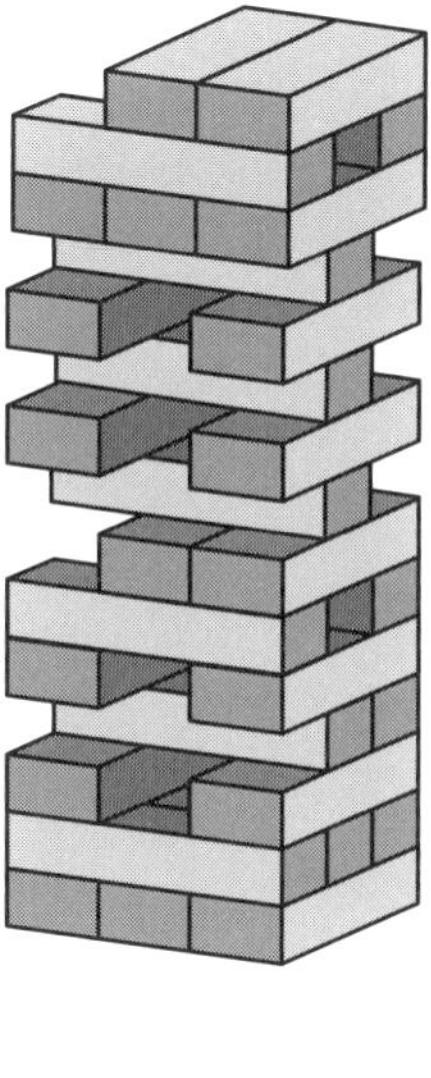

さて経理部が頑張っているこの施策、組織に対してはどんな影響があるでしょうか。

評価の視点はいろいろあるでしょうが、人事である私ならば、組織文化への悪影響もあるのではないかとも感じます。「締めつけの度合いを緩和させるよう」と、経理と話をするかもしれません。

なぜか。それは、**経費の使い方という「小さな枝」の要素が、「自由闊達である」という「組織文化の幹」の、副作用である可能性が高いから**です。本来大切にすべき会社文化を、些末なことで損なうのは非常にもったいないことです。先にも述べたように、**組織文化は一度壊したら二度と元には戻りません。**目障りな小枝をはらい捨てたら、大元の幹が枯れてしまった、というのでは話にもなりません。

「地域住民に愛されていた小さなまんじゅう屋が、息子に代替わりしてから『これからはネット販売だ！』とオンライン・ショップを始めた」。

「それぞれの社員の仕事が独立していて、ドライな関係で成り立っていた会社が、急に『社員同士のコミュニケーションをとって風通しをよくしよう！』と飲み会やら社員旅行やらの企画を始めた」。

――このあたりの例になると、判定は難しくなります。

たしかにそれまで築いてきた企業文化はいくぶんかは壊れてしまうでしょうが、それによりも得るもののほうが大きいかもしれません。

それを見極めるのが、人事の仕事です。**見極めることなく、拙速に動いてはいけません。**

こういうとき、ダメ人事であるほどフットワークも軽やかに新制度を導入しようとします。「ダメだったら元に戻せばいいや、トライ&エラーの精神で！」と言うかもしれませんが、繰り返し言っているように、「一度壊れた組織文化は、二度と元には戻らない」のです。

人事は、拙速に動いてはいけません。特に**制度の改革や導入については、それが自社の組織文化に合ったものなのか、合わないならそれだけの代償を払う価値のあるものなのか、**をまず考えます。

その新制度によって改革しようとしている**「自社の悪い部分」が、よくよく分析してみると「自社の最も大切な部分の副作用」である可能性**も考えなければなりません。副作用を消すために企業文化の一番大切な部分を壊してしまうなど、本末転倒です。

30 できる人事は、自社の組織文化をよく知り、思いつきで改革しない！

31 できる人事は制度を嫌がり、ダメ人事は制度をつくりたがる。

人事コンサルタントという仕事をしていると、よく依頼されるのが「制度設計をしてくれ」ということです。

こういう場合、「ハイ分かりました」と返事をして、例えば給与制度や昇進制度、配属や退職など、求められる制度をつくるのは、正直なところ、仕事としてはラクです。

ですが私は、ついついこう返事をしてしまうことがあります。

「いやいや、もう少し前の段階から考えてみませんか」

「そもそも、なぜその制度は必要なのでしょうか」

「他に問題を解決する手段はないのでしょうか」――と。

私が「制度設計」をできるだけ回避しようとするのには、2つの理由があります。

ひとつ目の理由は、**「制度」というのは、働く人の行動を制約するルール**なので、**組織**

が柔軟に動いていこうとするときに足枷となる場合があるということです。

今の社会情勢はめまぐるしい変化の中にあり、各企業はその変化についていく必要があります。しかし、給与制度にしろ評価制度にしろ、**一度制度化して固めてしまったものはなかなか変えることはできません。**これが会社の迅速な動きを邪魔することになるのです。

制度に縛られる側の従業員にとってもいいものではありません。

例えば人の能力や貢献度をＳ・Ａ・Ｂ・Ｃでランクづけして、エクセルの表と照らし合わせて評価する方法を採ったとしましょう。そのとき「きみはＢランクだから給与はこれだね」と言われた人のモチベーションは、高まるでしょうか。

それよりも、（できることなら）上役と膝をつき合わせ、「きみはこういう点がすばらしく、会社にも貢献してくれている。一方で、こういう面については不得手のようだ。ここをもう少し改善してくれれば、給料にも反映できるのだが」という話し合いができたほうが、**本人の「気づき」も大きい**はずです。

そして私が「制度設計」を避けようとする、もうひとつの理由。

それは、「制度設計をしてくれ」と頼まれてクライアントの元に出向き、状況をよくよく聞いてみたら、「それは**制度以前の問題、制度じゃなくても解決できる問題**じゃないですか」となるケースが多いことです。

採用の際の求める人物像を変えたり、育成の際に身につけてもらうスキルの内容を変更したり、部や課などの組織の枠組みを変えたり、特定の人物のポジションを変えたりと、手段は他にもたくさんあります。

もちろん制度設計がまったく無駄なものだということではありません。

組織が大きくなってくると、経営者がすべての従業員の資質や行動を把握することができなくなり、自分の思うとおりのことが全従業員に伝わらなくなる可能性が高くなります。そういうときは、「我が社はこういう方向に進みたい」「だからこういう人材が欲しい」「皆さんにはこういう働き方をして欲しい」という感覚を共有するために「制度設計」が必要になります。

本来なら、形式化・ルール化して縛りを増やす「制度」などつくらず、経営者自身が組織の隅々まで自分の目で確かめて、柔軟にコントロールすればいい。

しかし、組織が大きくなるとそれは不可能となり、誰かに権限を委譲しなければなりません。そのときのためにあるのが「制度」で、**いわば「必要悪」**です。

以上2つの理由から、私はできる限り「制度設計」をやらずに、何か別の方策で問題を解決することを勧めることが多いのです。

ダメな人事は、自分で問題と対峙しようとせず、制度で解決しようとします。

制度とは結局、さまざまなものを最大公約数化した「一括処理」です。いったん制度さえつくってしまえば、個々の問題に向き合う必要もなくなるし、なにより、自分に責任が及ばなくなります。

制度はダメな人事の逃げ道でもあるのです。

31 できる人事は、制度で何でも解決しようとしない！

32 できる人事は流行に鈍感、ダメ人事は敏感。

普遍的に見える人事の仕事にも、実は「流行語」や「はやりすたり」があります。

古くは**「年功序列」「終身雇用」「企業内労働組合」**が日本型経営の「三種の神器」と言われ、他国の見本ともなりました。

バブル崩壊後は派遣社員や契約社員といった**「非正規雇用社員」**、**「アウトソーシング」**という流行語もできました。外に出せるものは外に出せ、内部には必要最小限のものだけ留めておけ、と。

ここ10年ぐらいは**「成果主義、インセンティブ」「可視化、見える化」**などが流行語の筆頭でしょうか。**「コンピテンシー」**という言葉もはやりましたね（「高い業績を上げる人材はどんな行動をしているのか」程度の意味です）。

近頃は**「育休」**どころか**「イクメン」**という言葉も社会に認知され、制度化されつつあります。結婚・妊娠した女性は退職するのが当然だった数十年前とは、隔世の感があります。小さな意味では、**「フレックス制」**の普及や、**「パワハラ」「モラハラ」**の問題もあります。

面白がってつい列挙してしまいましたが、**人事はこれらの「流行語」に乗せられるべきではありません。**

流行語大賞はテレビのお祭り騒ぎで十分です。

人事や経営者が自社に対する「見立て」をせず、「時流に乗って」組織改革を断行したり新しい人事制度を取り入れたりするのは、いつも最新のブランド・ファッションで身を飾っている人に似ています。

確かにそれに惹かれる人もいるでしょう。しかし、ある程度見る目のある人ならば「これはこの人には似合ってない」とか「無理して若づくりしているのがみっともない」と感じます。

数年前、「自由闊達で」「社員のアイデアを大切にする」ことで業績を伸ばしている

Google社が、その社内風景を公開しました。24時間営業で無料のカフェテリア、カラフルでポップで遊び心満載のオフィス。食堂直通のすべり台までありますので、福利厚生の域を超えています。

それを見たのでしょう。当時日本で急激に業績を伸ばしていたいくつかのＩＴ企業が、同じような福利厚生を取り入れました。これらの企業は、ただ良心的に、社員が楽しみながら働ける居心地のいいレジャーランドのような職場をつくろうとしたのかもしれません。

また、うまく時流に乗って急激に業績を上げたネット企業の中には、新卒社員の月収を中小企業の社長と同程度の額に設定して採用活動を行う社もありました。

――たった数年前、栄華を誇ったこれらの新興企業の現在の状況は……言うまでもありませんね。

海外の成功企業を表面的に模倣して恥をかいた部分はあるものの、皆、実力のある会社です。地道な努力により、実力に相当する利益を上げる会社として返り咲くことを、心から願っています。

とはいえ、「ただの時流だから」「流行語だから」というだけで**すべてを否定するべきではありません。**

世間の流れや流行は押さえつつ、その中から自社にとって何が必要かを把握し、取り入れること。あるいは、あえて取り入れないこと。それが大切なのです。

私は「人事」という職務自体がかなり普遍的なものだと考えています。だから、場所や時代が変わったからといってコロコロと軸を動かすべきではありません。

もともと人事の世界には、「これが正解」「これが目指すべきゴール」「これこそが真実」という解答はないのです。だからこそ、表面的な「人事的流行」に流されてはいけないのです。

32 できる人事は、流行に踊らされることなく人事施策を行う!

33 できる人事はプロセスを評価し、ダメ人事は成果のみを重視する。

「成果主義」という言葉がひとり歩きした時代がありました。

成果主義とは一定期間にその人が成した「成果」（多くの場合、企業利益）をもとに、賃金や昇進を決めるという考え方です。

何もしなくてもただ職歴が長くなったというだけで賃金が上がっていく**「年功序列」**の欠点を廃し、「個人の職務遂行能力」によって賃金・昇進などを決める**「職能主義」**よりも判断基準がはっきりしていることから、部分的にしろ全体的にしろ、多くの企業が「成果主義」を取り入れています。私のかつていた会社でも、例にもれず「職能」から「成果」へ制度変更を行いました。

しかしこの成果主義には、いくつかの問題があります。ここでは3つの問題点をあげてみます。

まずはひとつ目は、**経営者が自由に判断基準を定められるので、「従業員の士気を下げる」可能性がある**こと。

10人の社員がいて、１人が突出した利益を上げた場合、「きみの成果は素晴らしい。特別賞与をこれだけあげよう」と言い、対して残りの９人には「きみたちは彼ほどの成果を上げていない。成果主義である以上、きみたちには賞与は与えられない」と言ったとしたら、９人の士気は下がります。

２つ目の問題は、**「外発的動機づけは内発的動機づけを阻害する」**という実証された法則があることです。簡単に言うと、テストの点がよかったからといってご褒美を与えていると、いつしかご褒美のほうが目的になり、本来の勉強の楽しさを感じる機会を失ってしまう、という法則です。

そしていちばん強調したいのは、３つ目の問題。

それは、**若手層には、成果主義が正しく機能しない**という点です。

まず彼らは自分の仕事に対する裁量権をさほど持っていません。彼らが成果を上げられなかったとしても、それは**彼らの責任でなく、「彼らにそうさせる戦略を立てた人」**や**「その仕事に彼らを選抜した人」の責任**であることが少なからずあります。

また、ベテラン層に比べ能力が劣るので、成果を上げたとしても上げられなかったとしても、**しょせん「ドングリの背比べ」である**ことが多いのです。多少の成果の違いで給与や昇進に差をつけるのは、彼らの士気を損なうだけでなく、組織としても人材の見立てを間違えるという損失を抱えることになります。

さらに言えば、彼らの少ない経験の中で「成果を上げた」のは、単なるラッキー・パンチだった可能性もあります。

以上の理由から、若手層に成果主義を厳しく適用するのは、弊害のほうが多いと私は思っています。

では若手の中から優秀な人材を選抜したいとき、何を判断基準にすればいいのでしょうか。

それは**「成果」でなく「プロセス」**だと思います。

仕事をやっていくプロセスにおいて、**将来においても再現性の高いような習慣・能力**を持っているかどうか、それがちゃんと身についているかどうかです。

例えば以前成果を上げたときと同じような状態が生じたときに、（ラッキー・パンチでなく）同じように成果を上げられるか、ということです。

また、**成果を上げるためのプロセスの選び方**も大切です。

例えば高熱があるときに、熱冷ましの薬を与えれば熱は下がります。が、それよりも**「なぜ熱が上がっているか」を考え、その根本を治療するような対策をとる**人材であれば、結果的に熱が下がるのは遅くなりますが、優秀な人材であると思います。

成果主義を否定するわけではありませんが、若手に関しては「成果」よりも「プロセス」を重視しましょう。

33／できる人事は、成果を生む習慣を持つ人を評価する！

34 できる人事は給与の「差」に気を遣い、ダメ人事は「絶対額」を大事にする。

「給与だけが仕事の報酬ではない。仕事の報酬は、やりがいのある新しい仕事だ」というのが私の持論なのですが、現実には、働く人の誰もが「給与」を気にするもの。当たり前のことです。給与は単に**「報酬として受け取るお金」**という意味以外に、**「自分への評価を表すもの」**とも受け取られているからです。

そうすると、給料を払う側としては、「たくさんの給与を払えばそれだけ社員の満足度も高まるだろう」と考えてしまいがちです。が、そこに**「人間の微妙な感情の非合理性」**があることには、なかなか気づきません。**人は、給料の「額」を気にするのと同じぐらい、給料の「差」を気にするものなのです。**

従業員が気にする「給料の差」には、２種類あります。

ひとつは、**「他人との差」。**社員が「同期なのに、なんであいつのほうがおれより給料が多いんだ⁉」といった感情を持つことは、ままあることです。

が、ここで取り上げたいのは、２つ目の「給料の差」。

それは、**「以前の自分と今の自分の給料の差」**です。社員が「去年の年収はこれだけあったのに、今年は減ってしまった。なんでだ。今年のほうが成果も上げたし残業もしたのに……」といった感情を持つこと、これもよくあることです。

給料の支払額を決める方法には、**「昇級方式」**と**「洗い替え方式」**があります。

「昇級方式」とは、前年度の給与をもとに上がり下がりを決めること。

「洗い替え方式」とは、前年度の給与などは考慮せず、いったんすべて白紙に戻して（洗い替えして）から今年度の給与を決める方式のこと。

実は**経営者（給料を支払う側）にとっては、「洗い替え」のほうが有利で、得な方式**です。

洗い替え方式だと、過去とのしがらみが少ないので、誰かを抜擢しやすい。抜擢して成果を上げれば昇給すればいいし、成果を上げられなかったら次年度からは降給すればいい。

ところが昇給方式だと、「前年度の給料額」という縛りがあるから、急に大きく下げることは難しい。

しかし皮肉にも、**社員（給料を受け取る側）は、「昇給方式」のほうを喜ぶことが多い**です。

さて、人事としては、**「社員は給料の『絶対額』よりも『差』によって非合理な感情を持つことがある」**という現実を理解し、それに対する十分な説明とケアを施して、ちゃんと納得してもらうことが重要となります。

それをしないでいると、経営者（支払う側）と社員（受け取る側）の感情に、溝ができてしまうことがあるからです。

例えば経営者が「今年の社員全体の給与総額は1億1千万円。去年は1億円だったから、10％もアップできた。みんなさぞかし満足していることだろう」と思い込んでいても、人事の采配によっては、「去年より上がった」と満足する人もいれば、「去年より下がった」と不満を持つ人も出てきます。

34 できる人事は、「給与の差」を気にする人間らしさを大切にする！

「全員の給料を平等に10％ずつ上げればいい」という単純な話ではありません。昇給・降給やボーナス査定は、人事が社員のモチベーションを管理するための重要なツールのひとつです。だからこそ、「給与が下がって不満を持つ人」へのケアは大切です。

ケアとは、なぜ下がったのかについて、きちんと納得させることです。そのためには、最初にその人に目標や期待するところを明確に伝えておき、途中で、再三それを確認するという細やかなコミュニケーションが必要です。

給与の采配をするとき、そこには「絶対額による満足度」以外に「差による満足度」があること、それによって全体のモチベーションの総和も変わってくること――できる人事であれば、これを意識しておくことが重要だと思います。

35 できる人事は不公平を気にせず、ダメ人事は公平にしようとする。

この項ではまず、一番分かりやすい例として「ベンチャー企業の給与体系」をあげてみます。

起業間もないベンチャーは、もちろん新卒を採用して育てる余力もなく、目の前の仕事を着々とこなしてくれる即戦力を求めますから、中途採用がメインになります。

しかし中途採用の契約には、必ず「前職の給与」が関係してきます。「前職の給与」には、正直な話、人によってかなり差があるのが普通です。

前職が「外資系金融」「外資コンサル」などなら、高い給与に引きずられ、契約時にもそれなりの給与を示すことになります。一方で前職が「日系の中規模企業」なら、契約時に提示する給与も低く抑えてしまうものです。

これは、**個々の職務や能力には関係ありません。ただ「前職の給与に引きずられてしま**

う」というだけのことです。

その結果、同じフロアで同じような仕事をする仲間の中に、誰も口にはしないけれども、大きな給与格差が生まれていることはままあります。

以上は、公平か不公平かと問われれば、たしかに不公平なことです。だからといって杓子定規に「うちの給与体系はこれこれですから、これ以上は出せません」とすると、本当に欲しい、マーケット・バリューのある人にはそっぽを向かれてしまいます。

企業像の理想を高く持つことはいいことですが、それによって本業が立ち行かなくなっては元も子もありません。

数年前からさまざまな企業や団体が掲げるようになった「オープン アンド フェアネス」（透明性を持って公開すること、公正に振る舞うこと）は、美しい理念ですが、**今現在オープンでもフェアでもないものを短期的に改善するのは現実的には難しいもの**です。

査定基準が「フェア」かどうかと言われれば、不公平であると言わざるを得ませんが、これを「オープン アンド フェアネスだ！」と錦の旗を掲げたように短期的に実現しようとするのは、よく言えば「理想主義の人事」、有り体に言えば「ダメ人事」です。

もちろん最終的には、どこに開示しても恥ずかしくない、公正な給与体系を目指すべきです。が、そうするためには、**一時的な不公平には目をつむることも必要**となってきます。**現実とすり合わせたときに、短期的な公平さというものを最優先にすべきではない、**ということです。

できる人事は、そのあたりのさじ加減が分かるもの、あるいは分かろうとして努力するものです。

ベンチャー企業の給与を例にしましたが、これに当てはまる場面は人事の職務上、数多くあります。

「あいつの異動願いは通ったのに、なんでおれは何年もこの部署のままなんだ」「売り上げはうちの部署のほうが多いのに、会社は新規事業にばかり金をつぎ込んでいる」など、「不公平さ」に関する不満はどの職場にもうっ積しがちなものです。

もちろんこれらの不満は、長期的には解消を目指すべきものでしょう。しかし、できる人事ならば、腹をくくり、短期的にはこれらの不公平には目をつむらなければなりません。

現実的には、**拙速な施策をとることなく、状況は常に観察しつつ静観し、「理想」にちょっとずつ近づいていく、**というのがベストな姿勢です。

ベンチャー企業のデコボコの給与体系なら、数年間の余裕を見込んで、社員たちのコンセンサスを得ながら、自社なりに一本化された公平な給与体系にだんだんと近づけていく。配属に不公平感があるならば、例えば数年をかけて「社内異動希望」の制度を整える。部署間の不公平が目立つなら、それが必要な場合はゆっくりと説得を続け、必要がなくなれば是正する。

組織の文化や風土は、一度壊れてしまうとなかなか元には戻りにくいものです。あまり急がず、様子を見ながら緩やかにことを進めることが大切です。

35

できる人事は、一時的な不公平には目をつむり、中長期的な公平を目指す!

36 できる人事は「思い込み」を大事にし、ダメ人事は「事実」だけを大事にする。

「客観的事実」を大切にするのはビジネスにおいては初歩の初歩。逆に、「思い込み」や「主観」、ましてや「偏見」「妄想」は排除すべきものとして考えられています。

もちろん、それは正しい方針です――**人事以外の場面では。**

ある新人営業マンが、人事部員の横で、上司についての愚痴をこぼします。

「チームリーダーの上田さん、妙におれを煙たがっているっていうか、嫌ってる気がするんスよね。正直おれ、仕事しにくいんスけど」……①

そこで人事部員は手元のパソコンを開き、「本当は本人に見せるものじゃないんだけどさ」と言いつつ、あるデータを見せます。それは新人くんに対するチームリーダーの評価表です。

「見てみな、上田さん、おまえにこんな高い評価つけてるよ。所見欄でも、ホラちゃん

と信頼も期待もしてる。嫌われてるなんて、おまえの思い込みだよ」……②
「え、これマジですか、ちょっと信じられない」
「今ここにあるデータ、これが客観的事実だよ。煙たがられてるとか信頼されてないとかは、おまえの主観でしかない。ここは会社なんだから主観で動いちゃダメだよ」……③

一見正しい右の対応は、人事としては間違っています。確かに新人くんが言った①**は「主観」で「思い込み」**ですか、それに対して人事部員は②**で「客観的事実」**を提示し、さらに③**で「論破」**。これでは新人くんは玉砕、グウの音も出ずに「そっスかね……」と納得するしかありません。

人事が仕事として扱うもの、例えば「企業文化」や「人の気持ち」は非常にデリケートで、**「客観的事実」よりも「心理的事実」が大きく作用**します。「心理的事実」とは冒頭であげた、主観や思い込み、妄想、偏見などです。人事に携わる人間は、それらをないがしろにしてはいけないのです。

誤解を是正してやるのだから、これで相手も今後変わってくれるはず——と、一見、正しい方策に見えますが、人間はそれほど単純ではありません。**それで「気持ちが収まるか」という点で、人事の対応としては間違っています。**

では、どうすべきだったのか――。

まずは「全部を受け止めること」です。**具体的には、ただ聞くことですね**。話の腰を折らないように「そうだね」「なるほど」と相づちを打ち重ね、相手の心の内に溜まったものを、すべて吐き出させる。

相手が全部しゃべり切ったら、頃合いを見計らい、ゆっくりとこちらの言葉を伝えます。「きみがそう思ってることは分かった」つまり「(客観的)事実はどうであれ、会社や上司がきみにそう思わせていることは事実なんだよね」と、それが**相手の「心理的事実」であることをちゃんと認めてあげます。**

冒頭の例なら**①と②の間に、相当な時間と労力をかけてこの「相手を受け止める」段階を挟み込むことが必要**なのです。そこまでじっと聞いて、全部を受け止め、**やっと③に移るのが「できる人事」**です。

「きみの思うことは分かった。でも実はこんな事実があって、こんなデータや事例があって」と、客観的な具体例をあげつつ（③）、途中でたびたび「ここまでの（客観的）情報で、きみの解釈は変わる？」という確認をし、それを重ねていく。すると、自分から「ああ、そんなことがあったんですね。なるほど、おれの考えが少しズレていたのかも」と納得してくれることがよくあります。

実はこの不平不満を解消するためのテクニックは、福利厚生的な意味だけで書いたのではありません。

本当に言いたいことは――**組織内にある「主観」「偏見」「妄想」を理解しておくことは、人事が組織運営をしていくために非常に重要なこと**なのです。組織内で働く人々がどういう「間違った主観」を持っているかを分かっていないと、その組織に対する適切な処方箋は書けません。それらをきちんと把握しようとせず、はなからすべて「正論」で潰しにかかる姿勢でいると、大切な情報は人事にも経営者にも入ってこないのです。

36／できる人事は、相手の気持ちをしっかり受けとめる！

第6章

組織改革 編

37 できる人事は悪者になり、ダメ人事は善人になろうとする。

バブル期が終わったあたりから現代に至るまでは「組織の時代」と呼ばれています。

変化が加速度的に速くなり、経営戦略を1年も2年もかけて検討している余裕はなくなりました。

できるだけ素早く変化ができる、つまり「変わることのできる会社」かどうかが、これからの時代の勝負になります。

ウェブ・サービスなどはその最たるもので、毎週のように新しいサービスが登場し、トップを走っている企業も、数年ごと（あるいは数カ月ごと）に入れ替わっています。

さて、組織を迅速に変化させるためには、昨日まで「右を向け」と言われていても今日になって「やっぱり左」と言われたら、ちゃんと対応してくれるような意識を社員たちに植えつけていくことが不可欠です。

ただし、**人間は基本的に「急激に変わること」を嫌うもの**です。できれば同じようなことをずっと続けてやっていきたい。ですから「急激な変化に対応できるよう組織変革する」というのはかなり難易度の高いことです。

しかし組織全体に「自分たちは変わる必要があるのだ」と気づいてもらわなければ生き残れないのです。そこで、**まず「危機意識」を持ってもらわないと話が始まりません。**

以前も述べましたが、人事部員は「いい人」「優しい人」が多く、摩擦を起こしたり、ことを荒立てたりすることを嫌がる傾向があります。

しかし「組織変革」の第一歩、組織全体に危機感を抱かせるためには、**多少自分が悪者にされようと、「このままではダメだ」と冷や水を浴びせるようなことをする**必要があるのです。

下に対してだけの話ではありません。経営者など、自分より上の人に対しても、変化の必要性を察知したらその理由を説明し、「このままではダメになりますよ」と直言することが必要です（勇気がいりますが）。

ただし、理由がきちんと述べられずに大きな変革案を提案すると、「なぜ、そんなにたいそうな改革が必要なんだ」と叱られてしまうので注意してください。

「使者を斬るな」

という言葉があります。

「王様に悪い知らせを持ってきた使者を、腹が立つからといって斬り殺すようなことをしてはいけない。むしろ、耳に痛いことをあえて直言しにきた者を大切にすべきだ」という意味です。

「使者を斬る」ことを続けていくと、王様の周りにはいいことを言う人ばかりが残り、そのうち状況を見誤って国は自滅していきます。会社組織も同じこと。だから人事は、あえて上にも言うべきことは言うのです。

特に現状がうまく回っているとき、将来の危機を見越して「変化しなければダメだ」「危機意識を持て」と水を差すようなことを言い続けていると、上からも下からも煙たがられることがよくあります。

37 できる人事は、悪者になっても危機感を訴える!

しかし、それが人事の大切な業務のひとつなのです。更衣室のロッカーの陰で泣くことがあっても、どうかめげることなく、頑張ってください。

また、人事の仕事においても、素早く変化できることが重要になってきます。採用の在り方、育成や配属の在り方も変えなくてはならないことがあるでしょう。例えば採用なら、去年まで「従順で言われた仕事をきっちりやる人物を採る」という方針だったとしても、今年からは「従順でなく、多少は上に楯突いてくるような人のほうがいい」という方針に素早く切り替えなければならないような状況も生じるはずです。柔軟な姿勢で、臨機応変に対応できるようにしましょう。

38 できる人事は小さな成果を大げさに喜び、ダメ人事は謙虚に振る舞う。

前項で述べたように、これからの時代には「組織変革」が重要課題となります。そして**「組織改革」は、非常に長い道のり**です。人生やキャリアと同じで、100m走かマラソンかと言えば、明らかにマラソンに似ています。理想が高ければ高いほど、当然その道のりは長くなります。

道のりの中では、変革を望まない保守派に邪魔をされることもありますし、変革を推進しているプロジェクト・メンバー自身でさえ「走っても走ってもゴールにたどりつかない」と気持ちが萎えたり、「自分たちのやっていることは本当に正しいんだろうか」と不安になったりすることもあります。

それを乗り越えるために必要なのは、改革プロセスの中にあるいくつもの小さなゴールを達成したとき、都度都度「やった！　ここまできた！」と自分を、そしてお互いを褒め讃えることです。多少大げさに、有頂天になっても構いません。

具体的には何かの表彰かもしれませんし、社内報での報告かもしれません。社長や重役が褒めてくれるだけでも士気は上がります。なんなら自分たちでプチ打ち上げ会を開くのもいいでしょう。

とにかく「長いプロセスだけれど、とりあえずその中の小さなゴールをひとつ乗り越えた！」という実感を持つこと／持たせることが大切です。

これは、改革のプロジェクト・メンバーだけに言えることではありません。改革が順調に進んでいることは、**対外的に、つまり全従業員に対して積極的にアピールすべき**です。なぜなら**「組織改革」とは「全従業員に変わってもらうこと」**だからです。

たとえゆっくりとした歩みであっても、ちゃんと改革プロセスが進みつつあることが伝われば、他の従業員にも「お、改革が進んでいるんだな」「おれもその船に乗り遅れちゃいけないいな」と思ってもらえます。

ところが非常にやっかいなのが、**一般には美徳とされる「日本人特有の謙虚さ」**です。

謙虚な人は、改革が進んでいたとしても「いやいや、おれたちはまだまだだ」「ゴールは遠いぞ」と考えがちです。小さな歩みを実現できても「これは通過点でしかない、喜ぶのはまだ早い」と自分を牽制します。

しかし、「改革のマラソン」のゴールは、本当に遠いのです。最終ゴールだけを目指して走っていると、必ず途中で息切れします。

改革プロジェクトのメンバーたちが疲労するだけではなく、周囲も「あいつら何も言ってこないけど、改革は進んでるのかな」「この船に乗るべきかどうか、もうちょっと様子を見よう」と考え、全体のスピードも落とすことになります。

マラソン選手にもいろいろなタイプがいますが、私が接したある選手は、42・195キロ先のゴールだけを考えるのではなく、「とりあえずあの坂を登り切ろう」「あの人を抜くまでは頑張ろう」「次の給水所までは走り続けるぞ」と、**道のりの途中にいくつもの小さなゴールを設定しています。そして、それをクリアするごとに心の中で喜びます。自分を褒め讃え、その気持ちを次のスモール・ゴールに向かって走り続ける原動力とする**のだそうです。

こと組織変革のような長い道のりを走り抜くには、謙虚さや自己牽制は不要なもの、むしろマイナス要因です。

私もある改革を進めていく際、メンバーにストイックさを求めすぎて、あまり途中の小さな成果を評価してあげなかったために、離反されたことがありました。

それではいけません。

長い道のりの中に小さなゴールをたくさん設定して、それを成し遂げるたびに周囲も巻き込んで喜び讃え合いましょう。実際に効果のある方法ですし、もちろん、楽しいことなので、ぜひ実践してください。

たまには子どものように、喜んでバカ騒ぎすることも大切です。

38 できる人事は、改革プロセスをたくさんの小さなゴールに分ける！

39 できる人事は事業を人に合わせ、ダメ人事は人を事業に合わせる。

やや概念的な話になるので、まずはグッと砕いて、バス旅行の話でたとえてみます。バス旅行をするには、多くの場合、まず目的地を決めます。目的地がキャンプ場だと決まったら、「じゃあ飯ごう炊さんが得意な人がいるといいよね」「テントの張り方を知ってる人も必要だよね」と、目的地に合わせて乗客が決まっていきます。

しかし、あえて逆のやり方を考えてみます。乗客を選んでから、それに合わせて目的地を決めるのです。「あいつと一緒に旅行に行きたいんだけど、そういえばあいつは飯ごう炊さんが得意だったな」「こいつは昔ボーイ・スカウトをやってたから、テントもうまく張れるだろう」ということから考え始め、「じゃあ目的地はキャンプ場にしよう」と決めるのです。

現実にはなかなかないことですが、**「発想の転換」**の例として捉えてください。

例で言う「乗客の集団」が**「組織」**です。「目的地」は**「(目指すべき)事業」**です。

普通はまず「目指すべき事業」を決め、それに合わせて従業員を集めます(つまり目的地を決めてから、乗客を集めます)。

しかしここで発想の転換をして、**まずは「一緒に働きたい従業員」を集め、そのメンバーで何ができるかという「事業」を考え、それに合わせて「組織」をつくる**としましょう。乗客を選んでからその人たちに合った目的地を決めるのです。

先に言ったとおり、実際のバス旅行では考えにくいことですが、これが「組織と事業」の話になると、とたんに現実味を帯びてきます。

「組織に合わせて事業を設定する」というやり方と、**「人材を集めてからその人材でできる事業を考え、それに合わせて組織をつくる」**というやり方では、**後者を採用した会社のほうが圧倒的に「継続的に成功する」場合が多い**のです。

以上は、「継続的に圧倒的な成功を収めている会社」の数々を分析し、その結果をまとめた『ビジョナリー・カンパニー　時代を超える生存の原則』（ジム・コリンズ著　日経BP社）で一般的になった理論です。

ウェブ・サービスの会社を考えてみると分かりやすいかもしれません。

最初に「こういう事業をする会社をつくろう」と始めた会社ももちろん多いですが、成功している会社の多くは、「こういう人材が集まってきた。彼らにはこういうことができる。それなら、こういうウェブ・サービスをやってみよう」という経路をたどった会社も多いはずです。

さらに具体的な話をすると、私が在籍していたリクルートは、かなり早い段階から中国や韓国、ベトナムやモンゴルなどから人材を採用してきました。

実はその採用をした当時、彼らに何ができるか、何をさせるべきかをリクルートは考えていませんでした。「とりあえず日本市場はそろそろ飽和状態だ、これからはアジアの時代だろう」ぐらいの感覚です。当然社内には「なんだその採用は」「人件費の無駄だ」「それなら即戦力になる人間を採って現場に入れてくれ」という反発の声もありました。

しかし数年が経った現在、漠然とした予想は現実となり、日本経済にとってアジアは最も重要なマーケットのひとつになっています。

リクルートもさまざまな事業を展開しようとしていますが、そこの第一線に立っているのが、かつて「役に立つかどうか明確に分からないまま」採った人材です。

アジア人採用は今でこそ各社がこぞってやっていますが、リクルートは他社に先んじてそういう採用を行ったおかげで、能力も高く日本語も話せるような、優秀な人材を確保することができました。

これはたまたま成功した例かもしれませんし、「すべては人材と事業ありきで、それに合わせて組織をつくるのがこれからの本道」と主張するつもりもありません。

ただ、こういった発想の転換が有効な場合も少なからずあることを、知っておいて損はないでしょう。

39

できる人事は、発想を転換して組織と事業を組み立てられる！

40 できる人事は人を組み合わせ、ダメ人事は人を変えようとする。

人事コンサルティングをしているときによく聞くのは、とくに急成長した会社に多いのですが、**「マネジメント人材がいない」「管理職に適した人材がいない」**という悩みです。それまでは現場のプレイヤーだけがいればよく、管理・マネジメントは経営者がひとりでやれていたものが、急成長したことによって手が回らなくなった、という状況です。

人材のマネジメントとは、要は「人を動かすこと」です。人を評価したり、褒めたりモチベートしたり、手取り足取り仕事を教えたり、あるいは逆にダメ出しをして頑張らせたり。どれもある程度の経験がないとうまくできません。

そして私に要請されるのが、「マネジメント力を強化する研修をやってくれ」ということです。しかし私は、その**「マネジメント研修」というものの効果についてやや懐疑的**です。もちろん全否定するわけではなく、それが必要な場面もあります。ただ、即効性がないのです。これまでさまざまなマネジメント研修に接してきましたが、劇的な効果を出したものにあまり出会ったことがありません。

基本的に、**人はなかなか変われるものではありません。**とくに管理職になるような年代の人は、ある程度人格も思考も固まり、「変わる」「変える」ことがより難しくなります。それを無理して変えようとすることは、労多くして益少ない方法なのではないかな、と思います。

それよりもいい方法は、**その人の下に適切な部下をつけること**ではないでしょうか。**人材を組み合わせ、得手不得手を補い合えるような関係**ができれば、人材管理も難しいことではなくなります。これは17項でも述べました。

研修などで人の考え方を変えることは大変難しく、手間のかかることです。それよりも、「人はなかなか変われない」ということを前提として、その人をどう活かすかという観点で考えるべきです。

20年間の実務を通して私が実感しているのは、「人事の仕事の50％は『採用』だ」「残りの50％のうち、25％は『配置』だ」ということです。

ところが多くの人は、一番大切なはずの「採用」「配置」をおろそかにしておきながら、「人材が育たないから、マネジメント研修が必要だ」という考え方をしています。

これは、大きな勘違いです。

ですから私がマネジメント研修の依頼を受けたときは、まず「適切な上司と部下の関係」を考え、人材の組み替えを行おうと提案します。

「人はなかなか変わらない」と言いましたが、欠点を放っておけばいいと言ってるわけではありません。

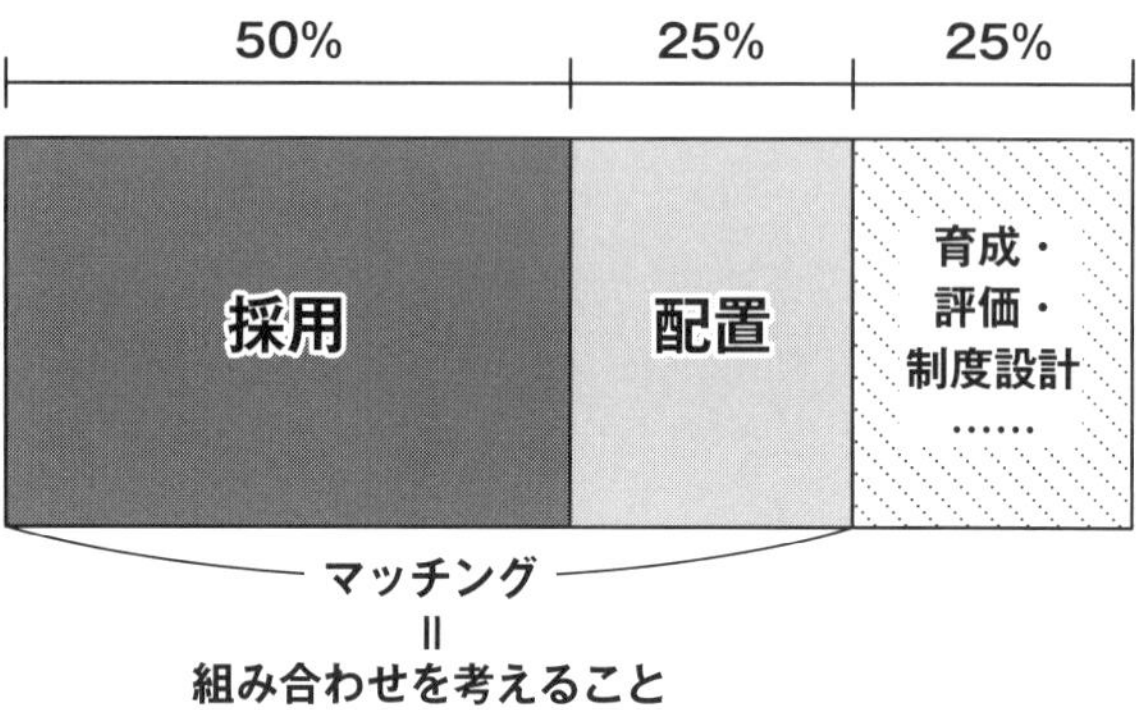

40 できる人事は、人はなかなか変わらないことを分かっている！

お城にある巨大な石垣を思い出してください。それぞれは形も大きさも違うデコボコの石ですが、それらをうまく組み合わせることで、あれほど頑丈な土台をつくることができます。

その頑丈さは、石を煉瓦のようにすべて同じ形と大きさに削り直してつくった土台よりも、ときとして大きなものになります。

人材の組み合わせもそれと同じこと。

それぞれ形も大きさも違うデコボコの人材をうまく組み合わせ、頑丈な組織をつくる。

それこそ人事の腕の見せどころです。

41 できる人事は居心地の悪さを大事にし、ダメ人事は居心地のよさのみを大事にする。

経済雑誌や週刊誌で「各企業の従業員満足度ランキング」といった記事をご覧になったことのある方は多いでしょう。

「従業員満足度（ES = Employee Satisfaction）」とはご存知のとおり、従業員の会社に対する満足度、いわば**「居心地のよさ」**です。一般には、従業員満足度を高めることが、企業の業績を向上させることにつながる、とされています。

しかし、本当にそうでしょうか。

「従業員にとっての居心地のよさ」は「組織の業績」に直結・正比例するものなのでしょうか。「どうせなら心地よく働ける職場のほうがいい」という当たり前の願望はいったん横に置いて、考えてみます。

私の経験に基づく意見なのですが、確かに「従業員満足度」と「組織の業績」には関連があることが少なくありません。しかしそれは絶対ではないし、また正比例するものではないと考えています。

例えば、従業員満足を上げるために仕事を分業化しひとりひとりの負荷を減らしてみたら、情報共有のためのコミュニケーションコストが増えて生産性が落ちるということもあります。

また、厳しい評価をしない職場は、ある人たちにとってはぬるくて心地よい満足できる場かもしれませんが、顧客にとってはいい職場とは言えないかもしれません。

むしろ**多少の「居心地の悪さ」があったほうが、従業員個人も、組織全体も、成長することが多い**のです。

なぜなら、**「居心地の悪さ」を解消しようと、「改善」「変化」の努力を始める**からです。完全に居心地のよい場所では、人間は満足しきってしまい、そこに向上心や改善意欲が生じることはありません。

ですから、**人事が「従業員満足度を高める」ことを第一目標にして活動するのは、本末**

転倒な話です。人事があえて「居心地の悪さ」を与えることが必要な場面もあるのです。

とはいえ、「本気で居心地の悪い会社」をつくれと言っているのではありません（例えば極端に給料が安いとか、サービス残業がやたら多いとか）。

そうではなく、**ちょっとした「異物」や「違和感」を、組織の中に入れてみる**のです。

例えば、他とは違う属性や文化、価値観を持った人材をチームに入れてみる。

すると、最初は周囲も本人も異文化の違和感に戸惑うでしょうが、それを解消する努力をしたり、あるいはそこから新しいアイデアが生まれたりと、次第にいい変化が生まれます。

他の例では、これと見込んだある人材を、あえて慣れない仕事に配置換えしてみる。

当然本人は居心地が悪いでしょうが、しばらく仕事を続けるうちに、以前の職場では得られなかった経験ができます。

真偽のほどは分かりませんが、遠洋漁業などでは、多くの魚を新鮮なまま運搬するために、あえて生け簀の中に天敵の魚を1匹だけ入れておくという話もあります。

天敵に食われてしまう魚もいるので確かに損失はあるのですが、それよりも「近くに天敵（異物）がいる」という緊張感・危機感から活発に動き回り、結果としてより多くの魚が新鮮さを保ったまま生きていられるのだそうです。

人間の組織でも同じで、**「前向きな違和感」「前向きな居心地の悪さ」を、一定量ずっと与えておくことが、組織の新鮮さを保つことにつながります。**

「従業員満足度」は大切にすべきものですが、それが直接組織のためになるものかというと疑問で、むしろあえて「居心地の悪さ」を与えることにメリットがある、それが私の出した結論です。

41 できる人事は、常に組織に摩擦を起こそうとしている！

42 できる人事は人に任せ、ダメ人事は管理する。

人材のマネジメント、つまり経営者なり上司なり人事なりが従業員を管理するには、ざっくり分けて3つの方法があると言われています。「① 行動のマネジメント」「② 結果のマネジメント」「③ 文化によるマネジメント」の3つです。

「① 行動のマネジメント」とは、一から十まで行動を管理して人を動かす方法。何も考えることなく、決められたゴールまで走るよう指導することです。

「② 結果のマネジメント」は、「手法は問いません。ただ、これこれこういう結果を出してください」という「結果だけを定めた管理法」。ゴール（結果）は決められているにしろ、そこまでの道程は自由であるという「一定の自律性」を持っています。

「③ 文化によるマネジメント」とは、「我が社はこういう風土・文化を持った会社で、おおむねこういう指針で動いています。ですからあなたは、その中でどういう行動をすべきか、それによってどんな結果を出すか、お任せしますから自分で考えてください」という、よく言えば自由で曖昧な、悪く言えばザックリしていい加減な管理方法です。

もちろん①から③のどれが一番いいというわけではなく、それぞれにメリット・デメリットがあります。

ダメ人事は自社の状況を考えずに、自分の好きな方法、または経営者や従業員が望んでいるやり方（正しいかどうかは分からない）を鵜呑みにして選んでしまいます。一方できる人事は、先に述べたメリット・デメリットを考えて適切に選びます。

ただし、**「これからの時代」に限って言えば「③ 文化によるマネジメント」が重要になる会社が多い**と私は考えています。

伝統的に見て、これまでの日本企業は①と②のマネジメントを採用していたケースが大多数です。しかし**これからは「創造性」と「自律性」が企業の生命線となる時代**です。あらかじめゴールを決められた①や②では、創造性や自律性を育むことがあまり期待できません。

例外は、トップの経営者が天才的なクリエイティビティを持っていて、残りの部下たちはただ一から十まで言われたとおりのことをやればいい、機械的に動いて命じられた結果を出せばいい、というケースでしょうか。

が、そんな天才型の経営者は、そうそういるものではありません。いたとしても、たかがひとりの創造性では、発想の規模にも限界がありますし、本人が年をとって時代の移り変わりについていけなくなる可能性もあります。

最悪のケースを考えると、その天才経営者の身に何かあった場合、会社自体が立ち行かなくなってしまうでしょう。

結局のところ、創造性や自律性、自発性が必要となる今後の社会では、**「企業文化」というある意味「緩い」もので社員を管理するのがベスト**だと私は考えます。

文化によるマネジメントの典型例はリクルートです。リクルートは大変社員の自律性を重視する会社で、メンバーは常に「あなたはどう思うんだ」と問いかけられます。上司に「どうしたらいいですか?」と聞くのではなく、「こうしてもいいですか?」と自分の意思を持つことが求められるのです。

しかし、ただ単に社員に自由に任せているだけでは、会社はバラバラになってしまいます。そこで、ある程度方向づけをするために強い文化をつくろうとさまざまな努力をしています。

会社の理念や社員にとって欲しい行動規範などを採用の前に徹底的に伝えて、納得した人だけに入社してもらいます。

入社後はたくさんの社内報、表彰や評価制度、貼り紙やたれ幕、メッセージ性の高い人事異動や抜擢など、ありとあらゆる施策を通じ、一貫して文化の強化を図ります。

そうすることで社員個人による自律的な創造と会社全体の大きな方向合わせを同時に実現しているのです。

42 できる人事は、文化によるマネジメントが創造性を生むと知っている!

43 できる人事はスターのいない組織をつくり、ダメ人事はスターに合わせて組織をつくる。

多くの会社には「スター」と呼ばれるような優秀な社員がいるものです。私もそんなスター社員になりたいと願っていましたが、子どもがいくら仮面ライダーになりたがっても無理なのと同じ結果になりました。

スター社員が存在することは、もちろん誇るべき、いいことです。

ただ、その**スター社員に頼った会社組織をつくることは、避けなければなりません。**

人間の特性として、多くの人は「自分がいないと回らない組織」に喜びを感じるものです。「おれがいないと回らないんだよ、うちの会社は」という愚痴のふりをした自慢話は、飲み屋でもよく聞きますよね。恥ずかしながら私も昔は、「自分が抜けたらチームがうまくいかなくなってヤバイ」、などと思っていました。

しかし個人でなく組織全体を見たとき、**「誰かが抜けただけで回らなくなるような脆弱**

な組織」ははたして健全なものと言えるでしょうか。

その誰かは突然転職するかもしれないし、不運な事故で入院するかもしれません。

人事としては、特定の個人に頼りきった組織は極力避けねばならないのです。


できる人事は、抜群の業績を上げているスター社員をお山の大将にさせないために、**あえて別の山に登らせる（つまり別の部署に配置転換する）**こともあります。

これは組織のためだけでなく、そのスター社員にとっても必要なことです。

というのも、お山の大将になってしまった人材は、ずっと大将であることを周囲に求められ続け、しばらくはいい気分になれたとしても、いつかゲンナリして意欲を失ってしまうからです。

業績を上げ続けていても、「おれ、去年と同じことばかりやってるな～」と、マンネリ化に悩まされることもあります。

また、そのスター社員の真下にいて、ずっとチャンスを与えられないままの部下がいるとしたら、不幸なことです。

スター社員の長所を残したまま、このような問題を対処するには、配置転換以外にもいくつかの方法があります。

例えば、**「仕事の切り分け方」を変える**という方法。

ある仕事が作業A・作業B・作業C・作業Dで成り立っているとして、それをAからDまで一気にひとりでやるにはスター社員の特殊技能が必要となるかもしれません、しかし、A、B、C、Dを別々の担当者に割り振るようにすると、それぞれの仕事は新入社員でもできる場合があります。

あるいはさらに進んでその作業A、B、C、Dをそれぞれマニュアル化してしまえば、大学生のアルバイトに任せられるかもしれません。

天才的なスターは、なまじ何も考えなくても自分で仕事を進める能力があるために、それを言語化して他人に分かりやすく説明するのが苦手な場合が多々あります。そこで人事の出番がやってきます。

例えば**スター営業の行動を分析し、言語化し、マニュアル化して誰にでも分かるようにする。**本人にはできないことでも、人事がやればいいのです。

「宝塚歌劇団」をイメージするといいかもしれません。

ご存知のとおり宝塚には花組・月組などのいくつかの組があり、そのそれぞれにトップ・スターがいます。

トップ・スターはもちろん人気も抜群で、観衆にとってもその他の演者にとっても憧れの的です。褒められ、チヤホヤされます。しかしトップ・スターは、いつか必ず卒業します。だからといって宝塚が潰れてしまうことはなく、下級生の中から新たなスターが生まれ、組織は回り続けます。

会社組織も同じだと考えてください。スターはいていい。むしろいるべき。

しかし、**その人をいつまでもスターの地位につけておくことは、組織にとっても、本人にとっても、下についた部下にとっても弊害が大きい、**ということを意識してください。

43 できる人事は、特定個人に頼らない仕組みが成長を生むと考える！

第7章

ライフスタイル 編

44 できる人事は文庫本を読み、ダメ人事は新聞やＴＶを見る。

新社会人になったときに上司や先輩からよく言われるのは、「新聞を読め」ということ。新聞は充実した情報の塊であり、勉強になることが多く掲載されています。そして、最新の情報を絶え間なく流してくれます。

ですから、世の中の「変化」に敏感であるべき経営者や、営業担当の人たちにとっては必須の情報源です。もちろん、人事もできるのであれば、触れておくべきメディアです。

しかし、人事は「そこまで最新のものに流される必要はない」と、思います。なぜなら、人事の仕事をよくよく考えてみると、「変化すること」よりも、むしろ「変化しないこと」のほうが大切だったりするからです。

「この事業のコアは何か」「普遍的な組織とは何か」「働く者にとっての〝最大多数の最大幸福〟とは何か」など、いつの時代にも当てはまるような思想が必要なのです。

今、ビジネスマンが利用している情報リソースをいくつかに分類してみましょう。

①**ネットやテレビ**の情報など、時々刻々と更新される情報
②**日刊の経済紙など、**日々更新される情報
③**週刊・月刊の経済誌など、**ある程度時間を区切って整理された情報
④①～④の中から「これは後世に残すべきだ」と判断され、まとめられた**単行本**
⑤**文庫本**

もしあなたが何かを勉強する時間と余裕があるのならば、私は①のネット・テレビ情報や②・③の新聞・雑誌情報よりも、④の単行本化されたビジネス書や、⑤の文庫本をお勧めします。

これは、「人事には他部署に比べ即時性のある情報は必要ない（必要性が薄い）」という私見に基づいた言い分です。

考えてみてください。テレビやネット、新聞や雑誌が発する鮮度の高い情報は、まだ整

理もされておらず、検証も不十分なことが多いものです。

ところが、④の単行本は、新聞のシリーズ記事をまとめたものだったり、ひとつの事柄について長期に渡り深く掘り下げて書かれていたりするものです。即時性では①②③に劣りますが、情報の深さはこちらのほうがあると言えるでしょう。

さらに、⑤の文庫本のほとんどは、④の単行本をもっと精査し、「これは後に残す価値がある」「古くなっても中身があるので売れる」と判断されたものです。情報鮮度では単行本よりさらに劣りますが、逆に言えば「情報鮮度に関係なく普遍的な価値がある」ということです。

また文庫本には、他にはない面白い特性があります。文庫の多くには、数年から数十年、あるいは数百年前のことが書かれています。私たちは幸運にも、その後の歴史や評価を知っているのです。

「愚者は経験に学ぶ、賢者は歴史に学ぶ」という言葉があります。自分ひとりの経験に基づいて行動するのは愚かである、賢者は多くの人間の足跡である歴史を学び、行動する、というような意味です。

人事の仕事は時代や場所などに左右されにくい「普遍的なもの」だというのが、私の考えです。だとすれば、目先の流行や個人の経験などよりも「歴史」を重んじるべきでしょう。

あらゆる仕事の中には「変わるもの」と「変わらないもの」があります。前者を見る役割を持つのは、経営者や事業のトップ、あるいはマーケティング担当者などです。その役割は彼らに託しましょう。

そして、後者つまり**「変わらない」ものを見据え、追求していくのが、人事のあるべき姿**ではないでしょうか。

今、多くの人が情報を新聞よりもさらに速いネットから得ていると思いますが、人事の方に提案します。

ネットニュースを眺める時間を半分にして、その時間で文庫本を読んでください。

44

できる人事は、日々の事柄ではなく、時代の流れや原理・原則を見ている！

45 できる人事はひとりでバーに行き、ダメ人事はみんなと居酒屋に行く。

営業などの他の部署から人事に異動してきた人がよく言うのは、**「人事って本当にずっと一日中きっちり働くんですね。ハードな仕事ですね……」**ということです。

確かに、人事は内勤ですから、営業の移動時間のようにちょっと一休みできる時間はほとんどありません。たいていは人が相手の仕事ですから、ずっと気を入れっぱなしで仕事をしています。採用面接や社内インタビューなどが続いたときなどは、笑顔をつくりすぎて、顔面が筋肉痛になってしまうことさえあります。

また、さまざまな方面から**「人事は分かってない」**などと文句を言われることもあり、自分でも「本当にこれでよかったのだろうか」と思い悩むことも多いです。

ストレスが大きく、**ストイックなところがないと続かない**仕事と言えるでしょう。

私は、教育学部出身で、心理学を専攻していたことから、教師やカウンセラーの友人・知人がたくさんいます。それらの方々と飲む機会も多いのですが、皆ストレスの多い仕事のせいか、飲み会はかなりの大騒ぎになることもしばしばです。いつもは紳士然とした人が、ネクタイを頭に巻いて踊り狂う姿を何十回も目撃してきました。

人は誰でも二面性を持っているので、日頃、まじめでいることを求められる仕事の人は、オフにはむしろ無茶苦茶なことがやりたくなるのかもしれません。

しかし、それ以上に「荒れる」ことが多かったのが人事だけの（もっと言えば、他社の人事との）飲み会でした。

人事は、仲間のはずの同僚社員の人事考課や異動の情報だけでなく、家族のことや病気のこと、お金のことなど、**さまざまな秘密を抱えています。しかし、それを吐き出すところがありません。**

同じ辛さを味わっている同志としての気安さで、すぐ意気投合し、我を忘れて飲んでしまいます。ダメ人事だった私がそうでした。

人は弱いもので、溜まったストレスは何らかの形で吐き出す必要があります。また同業だからこそ、深い話ができることも多いでしょう。

しかし、あえて私は人事の方には「ひとり」で飲みに行くことをお勧めします。それは何も孤独になって物思いにふけるべき……ということではありません。むしろ逆で、**ひとりで酒場に行けば出会いがあり、**それが人事としての成長につながると思うからです。

私だけかもしれませんが、社内では心理的にやや遠ざけられるようなところがあります。同期と飲んで会社のネタで談笑していても、「またまた、そんな『人事の目』（冷静で傍観しているような目）しちゃって！」と何度か言われたことがあります。人事というだけで**「本音を話さない」「人を観察し評価する」「会社の回し者」**的な人だと目されてしまうのです。

こちらは心を開いて社員同士の話をしたいのに、相手には変に恐れられている……人事がよく悩むシチュエーションです。

ところが、ひとり酒場の見知らぬ人とはそんな関係にはなりません。

商社の営業、メーカーの経理、自営業の方、士業の方、水商売の方、学生……さまざまな人が、日常の立場を離れてそこにきています。そこで交わされる会話は、**利害関係のない分、本当の本音に近い。**

人事の立場で公式に現場に話を聞きに行くよりも、酒場で出会った営業や経理の人の話を聞くほうが、「現場の人」の気持ちが分かることもあります。

ときには、自分は直接言われることがないような、その人の会社の**人事への悪口**を聞くこともあるでしょう。

もちろん、夜の酒の席での話はすべてが真実ではありません。

しかし、昼間の立場を守りながらの会話では決して聞けない「他人の本音」にビシビシとさらされるのがひとり飲みの醍醐味です。本音をたくさん聞けば、人事に必要な**「人の本音を見抜く力」**が磨かれることでしょう。

45

できる人事は、さまざまな人の本音の世界で対人センスを磨く！

46 できる人事はナンパをし、ダメ人事は合コンに行く。

人事はある意味「権力者」と捉えられることが多いものです。「面接者 対 入社志望者」などはその最たるものですが、社内においても、「異動と給与を司る権力者」と思われていたり、経営者さえも「人事部だけは自分の命令に背くことがある」と思っていたりします。

リクルートに入社してから数年間、同期の中で唯一人事部に配属された私が、他の同期に「おまえは人事だから本音は話せんな」「下手したらどこか僻地の事務所に飛ばされるからな」とネタにされたのも、今となっては笑い話ではありますが、ちょっとだけ当時の寂しさも思い出します。

ところが、人によってはこうやって「権力者」として扱われ続けることで、自分が本当に権力を持っている、偉い人物だと勘違いしてしまうことが稀にあります。あなたは、大丈夫ですか？

「オーディション型」と**「スカウト型」**という2つの型を使って、「次世代アイドルの発掘」を例に考えてみましょう。

あなたがジャニーズ事務所や、オスカープロモーションの担当者ならば、ゆっくりと会社の椅子に座っていてもいいでしょう。

若く将来性のある素材たちが、どんどんオーディションに向けて履歴書を送り、アイドルとなるべくスキルを磨いて、あなたの下に集まってきます。あなたの仕事は、椅子に座ったまま、その中からよりよい素材を選抜することです。

一方で、あなたの会社がジャニーズやオスカーのように有名なタレントが所属しているのではない弱小事務所なら、あなたは原宿や渋谷といった場所にわざわざ出向き、「将来光る素材」を見出さなければなりません。

街角でいきなり誰かに声を掛け、頭を下げるのは、恥ずかしいことでしょう。50人に声を掛けて、ひとりも話を聞いてくれない日があるかもしれません。

しかし、**「うちの会社はこんなことをしています。ご興味はありませんか」**と頭を下げ

続けていくことが、大切なのです。

ここで標題の「ナンパか、合コンか」に話が戻ります。

合コンというものは、どこか「オーディション」に似てはいませんか。

誰かにお膳立てされた場所で上品な会話を交わしつつ、男子は男子トイレで、女子は女子トイレで、「今日のメンツはショボいー」とか「右から2番目の子がまあまあかな」とか品評会をし、座席に戻るとにっこり笑う。そこにはお互い、一時的に「選ぶ側の権力者」としての傲慢さが発生しています。

一方でナンパは、多くの場合男性から（稀に女性から）街で見かけただけの相手に対し、「お願いです、これからご飯をおごらせてください！」「お茶一杯でいいからつき合ってください！」と、プライドを投げ捨て、相手の関心を引こうとします。

プライベートであなたが合コン派であるかナンパ派であるか、それとも両方得意なのかは、ここでは問いません。

大切なのは、**人事は「合コン（オーディション型）」よりも「ナンパ（スカウト型）」を心がけるべきだ、**ということです。

いい採用をしようとすれば、ただ自分の前に人が並ぶのを待っているだけでなく、むしろ**「内定辞退者」を追いかけたり、「エントリーはしたけれど説明会にはこなかった人材」を追いかけたり**するほうが、結果的に優秀な人材を獲得できる場合があります。

単純に言えば、「優秀な人材」というのはどんな不況下でも引く手あまたで、ひとつひとつの会社に深入りしません。そこにあえて手を突っ込み、ひとりでも多く自社のほうを向いてくれる人を増やすのです。

少なくとも、会社の威光を借りてプチ権力者となり、ただ面接会場に現れた人を評価するだけの人は、人事の資質に欠けているのではないかと思います。

46 できる人事は、お膳立てされるのでなく、自分からアプローチする！

47 できる人事はカラオケに行き、ダメ人事はコンサートに行く。

最初にお詫びします、「できる人事はカラオケに行く、ダメ人事はコンサートに行く」と偉そうに言い切りましたが、私自身、コンサートにも行けばライブも好きです。が、それよりも好きなのが、大勢の年代の違う同僚や上司部下、友人たちとカラオケに行くことです。

その違いをまず考えると、コンサートやライブは「演者から聴衆への一方通行」のエンターテインメントであること。歌を聴いて感動し、アーティストの生の姿を見てまた感動し、周囲と一体感を持って盛り上がれるのは、非常に楽しく、また有益な経験だと思います。

その点、カラオケは違います。歌うのはド素人なのでもちろんアーティストのパフォーマンスには及ぶはずもありません。しかし、相互に「演者」と「聴衆」が入れ替わるという特徴があります。

また「演者」と「聴衆」の間にある壁が非常に低いので、合いの手を入れたり、勝手にハモってみたり、タンバリンやマラカスで盛り上げてみたり、といったインタラクティブな娯楽となりえます。

私が僭越《せんえつ》ながらも「ダメ人事」だと言いたいのは、「おれ、騒々しいの苦手ですから」「私、歌は下手なんで」と、初めから逃げてしまう人のことです。

私事で恐縮ですが、私はタバコの煙が非常に苦手です。というより体質的に受けつけません。

学生時代に気取って試しに吸ってみたことはありますが、ゴホンゴホンとむせた上に頭痛が起きただけでした。ですから本音を言えば、「タバコはこの世からなくなってしまえばいいのに！」くらいのことを思っている人間です。

が、それでも、あえて喫煙スペースに入って人と雑談したり、ときにはもらいタバコをしたりもしました（吸ってる演技にも慣れてきました）。

そうまでして苦手な喫煙所に近寄ることがあるのは、**「そこにしかない貴重な情報」**や**「気を許した場でしか出てこない本音」**があるからです。

だから人事の人間には、**人が語らう場には、できるだけ積極的に出席して欲しい**、と思うのです。

カラオケにはその他にも2つ、特徴的な効用があります。

ひとつ目は、年代差のあるグループで行った場合、互いの年代で「ああ、今はこんな歌が流行っているのか」「昔はこんな歌が主流だったんだ」と、表面的かもしれませんが、相互理解のきっかけがつかめることです。

2つ目は、実はカラオケは、人事の仕事のミニチュア版であるということです。

場が盛り上がっていないなと思えば、マラカスを振ります（給与やイベントなどで士気を高めます）。

場の空気がおかしな方向に向かっているなと思えば、さりげなく選曲の方向性を変えます（社の向かうベクトルを調整します）。

一部のグループが退屈そうなら、彼らに飲み物の注文やテーブルの片づけなどをさりげなくお願いします（歌って目立つだけがカラオケ／仕事の醍醐味ではありません。「自分の役割がある」ということを感じてもらうことも人事の仕事です）。

ときには自分がマイクを取って好きな歌を熱唱する（自分の発散も大切です）。

人事は、できるならばカラオケのような**「皆が気を許せる場」**に出向くべきです。

そしてその場では、**自分が楽しむことを主眼とするのではなく、みんなが楽しみ、より居心地のいい空間をつくり出すことに専念してください。**それを会社サイズに広げたものが、人事の仕事だからです。

47 できる人事は、楽しむ側ではなく、楽しませる側に価値を見出す！

48 できる人事はつき合いの年齢幅が広く、ダメ人事は同年代以下とつるむ。

私が人事部の新人だったころ、ある日突然、上司から問われました。

「おまえはどんな人材を採るのがいいと思ってるのか」

ダメ人事だった私は「コミュニケーション能力が……」とか「ストレス耐性が……」とか、精一杯に自分の考えを伝えたのですが、上司は一言、「おまえ、分かってないな」と。

そこから**「今、世の中を動かしているのは誰だ」「それはシニア層の男性、いわばオッサンやジジイたちだ」**と上司は続けます。

そして（女性や若い世代の方々、怒らないでください、いいとか悪いとかはさておき、現状として）世の趨勢《すうせい》を握っているのが本当に高齢男性たちであるとすれば、「採るべき人材」は**「オッサンやジジイにかわいがられるような人材だ」**と言うのです。

さてオッサンだのジジイだの、ふざけた物言いをしてきましたが、この「目上にかわいがられる」という才能・スキルは、**「上向きのリーダーシップ」**と呼ばれます。

リーダーシップというと、下の人間を引っ張り上げるようなイメージが強いですが、実際には「上を惹きつけるリーダーシップ」というものもあるのです。

この「上を惹きつけるリーダーシップ」を発揮している方をあえてひとりあげるとすれば、楽天の三木谷さんが頭に浮かびます。

三木谷さんは本業でのご活躍はもちろん、他の新興企業が躍起になってプロ野球球団を買おうとしている中、唯一それに成功した人物です。

他の企業の経営者は、残念ながら「上向きのリーダーシップが欠けていた」、または「ジジイを惹きつける力がなかった」のです。

ところが三木谷さんだけは、失礼ながら「老獪《ろうかい》」と表現されることすらある球界の実力者たちの支持を集め、球団のオーナーとなる資格を認められました。お金にものを言わせたのではありません。

素直にすごいな～と思います。

できる人事となるためには、自分より上の立場で影響力を持っている人に対して、目下の自分からも影響を与えることができないといけないのです。

実際、**人事とは社内で目上の権力者と差し向かう機会が多い職種**です。「会社のこれからの方向性を見極め、それに必要な採用・育成活動をする」というのは会社組織の中でもトップ、つまり、経営者自身や各部門の長が関わってきます。それをアシストするのが人事部員の仕事でもあります。

会社を「豪族の集まり」と考えたとき、人事は、その**豪族間の軋轢《あつれき》について情報収集したり、合意形成したりするための、うまい潤滑油になるべき**です。

また、社長や事業部長にやりたい方針やビジョンがあるとき、社員たちの気持ちを掌握して**その方針・ビジョンを浸透させるお手伝いもします**。

ということは、**目上の人間とうまくコミュニケーションできることは、人事には必要不可欠なスキル**だと言ってもいいのではないでしょうか。

ではどうやったらその「上向きのリーダーシップ」を獲得することができるのでしょうか。

ごくまれに、生まれつきそういう才能に恵まれた人もいますが、多くの人はそうではありません。

結局のところ、このスキルを身につけるためには、**「多くの人を見ろ」**としか言えないのです。

自分を慕ってくる部下を見て「なんで自分はこいつをかわいいと思うのか」を考える。「決して上に媚びたりしない、むしろ反骨精神のあるタイプなのに、なぜか上から一目置かれている同僚」を観察してみる。「若くして管理職に抜擢されるような人物」の共通点を探してみる。こうやって「人を見ていく」ことが、自分がそのスキルを獲得するための一番の近道だと思います。

もちろん、「上から一目置かれるほどの仕事をしている」ことは、当然の前提条件です。

48 できる人事は、老若の世代を超えたコミュニケーションができる！

49 できる人事は朝が早く、ダメな人事は朝が遅い。

「健康的な朝型人間（さわやか！）」「不健康な夜型人間（どんより……）」というステレオタイプな健康談議ではありません。極論すれば、**人事が成長するには朝の時間を使うしかない**のです。

かくいう私も「もう少し眠っていたいな……」という朝もありますが、朝の時間の貴重さを知っているので、とっとと起きてしまいます。

話は脱線しますが、私はショート・スリーパーで、1日4時間も眠れば十分です。が、これは体質なので誰しもに強要できるものではありません。

しかし工夫によって睡眠時間や勉強時間を確保することはそう難しいことではないはずです。

「部下に任せられる仕事は積極的に投げてしまう」

「長い移動時間は有効に勉強に活かす、または有効に惰眠をむさぼる」
「無駄な会議からは逃げる（周囲にアイツはそういう人間だと思わせる）」
「義理の飲み会は断る（周囲にアイツは、以下同）」
「睡眠環境を改善して同じ時間の睡眠でもより深く眠れるようにする」など……。

成長するためには朝の時間がいいという話に戻します。

昼間は目の前の仕事に忙殺されていることは言うまでもありません。また、周囲に他の社員がいるので、同僚と混み入った情報交換ができません。

夜は、人事、特に中途採用担当の場合、相手の都合に合わせ、19時や20時から面接を実施することも数多くあります。また、サラリーマンですから、職務が上になればなるほど、他社との会食に夜の時間を奪われるようになります。

となると、「自分の成長のため」に使える時間は、おのずから朝だけになってしまいます。電話やメール、社員のクレームにも煩わせられずにいられるのも、朝だけです。

また、人事の人間というのは、社内・社外を問わず、人事同士の交流を好みます。ひとつに、人事を目指すような人間はもともと「人間が好き」なタイプの人が多いからです。

もうひとつに、人事は各社員の重要な個人情報を多く把握しているので、秘密を漏らせない、社内では言えないことがある、自分も仲間のはずなのになんだか孤独だ——というストレスがあるからです。

そこで、朝の澄んだ空気の中で人事同士が交流することをお勧めします。一種の勉強でもあると同時に、息抜きにもなります。

さて、「人事は朝の時間を使って勉強・交流しよう」と言っている私は、口先だけでなく、実際に人事部員・人材ビジネス関係者・人事を目指す学生などを集めて、月に何度か「早朝読書会」と銘打った勉強会を行っています。

毎回、心理学、組織論、経営学あたりを中心とした分野から課題図書を指定し、多くの会社が始業するより前の時間にディベートを行います。

他社の人事と交流することの効用のひとつに、「自社の人事の理念や習慣が、普遍的・一般的なものか、それとも自社特有のものなのか」を把握できることがあります。

ある会社（例えば不動産営業）では、合宿や飲み会が盛んでコミュニケーションも豊富。でも別の会社ではコミュニケーションは希薄で、会話をするのは上司だけ、横のつながりもない。

どちらが正しいか、というものではありません。

ただ、「自社のこの人事的環境が普遍的なものなのか、特殊なものなのか」は、人事を司るものとして把握しておくべきです。

そして、そのための勉強・成長に一番有効に使える時間帯が、朝なのです。

49 できる人事は、朝の時間を使って人事同士のコミュニケーションをとっている！

50 できる人事はユニクロのシャツを着て、ダメ人事は高級ブランドを着る。

若い頃には前髪の流れ方ひとつにも気を遣っていたのに、ときは流れて社会に揉まれると、多くの社会人（特に男性）は勤続年数に比例して、身なり、ファッションから離れていきがちです。

毎朝ネクタイを自分では選べず、奥様に選んでもらうのはまだ微笑ましい光景として見ていられても、履きつぶした革靴にヨレヨレのスーツでは、絵に描いたような「ダメサラリーマン」。仕事上で、損をしていることも少なくありません。

例えば不動産営業や外車販売の業界では、「ムリをしてでもロレックスを買え」とよく言われるそうです。「靴もスーツもイタリアかどこかの一流品を」とも。

富裕層の顧客を相手にするのに、七五三のような格好で出向いても、相手にされないからでしょう。

では、人事にとってベストな身なり、ファッションとは、どんなものでしょうか。
答えから言ってしまいます。「普通のもの」「無難なもの」が一番いいと思います。

人事という職務では、安い喫茶店で苦学生の就職相談に乗ったその日の夜に、社長と専務が勢揃いした経営戦略会議に出席することもあります。社内ならまだしも、社外のエグゼクティブの相手を急に命じられることもあります。

日々相手にする人が上から下まで多様なのが人事の仕事です。
だから、服装ごときで相手に警戒感や劣等感を与えたり、逆に軽んじられたり見下されたりするのは得策ではありません。
どんな相手にも威圧せず、逆に見下されもしないような身なりが必要です。

例えば時計なら、ロレックスほどのものはまず必要ないでしょう。
高すぎず安すぎず――具体的なブランド名をあげるのは差し控えますが――そんなものが適していると思います。

スーツはパッと見てどこのブランドと分かるような性質のものではありませんが、さすがに安売り量販店の隅に吊されていたようなスーツでは、相手にも失礼です。逆にオーダーメイドでパリッとしすぎたスーツも、場合によっては嫌味になりかねません。

これも高すぎず安すぎず、普通のものがいいでしょう。

どこのスーツにしろ、ほんの少しだけヨレているほうが、多忙なビジネスマンを演出できるかもしれませんが、これはやや高等テクニックなので、素人はマネをしないほうが無難です。


あなたが女性なら、「普通の人だけど、頼れそうな先輩」ぐらいのイメージを基準にするのがいいのではないでしょうか。

冠婚葬祭ほどフォーマルな格好は人事には似合いません。かといって、髪は巻きすぎない。アクセサリーはつけすぎない。ヒールの高さはほどほどに。お化粧はペンキではないと心得て。

（男女平等の世の中でこういう発言は申し訳ありませんが）ダラしない格好の女性は、

ダラしない男性よりもさらにマイナスの評価をされがちです。とくに対面する相手が同性の場合は要注意です。

要は男女どちらにせよ、「清潔感のある、誰が見ても普通で無難」な格好が、人事には適しています。

もちろんこれは仕事上の話です。プライベートでは虎の柄のシャツで相手を威嚇するなり、ロレックスを両腕につけて見せびらかすなり、どうぞお好きになさってください！

ちなみに私自身は、一応仮にも起業して代表取締役となった今は、靴もスーツも時計も、そこそこのものを身につけるようにしています。しかし、先輩経営者たちからのアドバイスを受けたためで、半分は義務感による虚勢です。

ただし、やはり今でも、中に着ているワイシャツは、ほぼユニクロです。

50 できる人事は、万人に合わせるために無難な格好をする！

おわりに

本書では「できる人事」「ダメ人事」などと一刀両断の表現を使っていますが、実際には時代の流れや業種、またはその企業の成長段階によっては、「ダメ人事」とされた方の方策が正しいこともありえます。

人事の仕事には、どんなとき（時代）にも通用するものと、そのとき（時代）にしか通用しないものがあるからです。

しかし、多くの場合、組織における諸問題は時代を超えたものです。ＮＨＫの大河ドラマなど歴史物語に現代人が普通に共感するのも、その証拠だと思います。だから、人事においては心理学や組織論などの長年に渡り通用してきた普遍的なセオリーを知り、身につけておくことがとても大切なのです。

最後に——本書の存在価値を反転するようなことを言うのですが——私は、「人事はスポーツである」と思っています。

野球の解説書を何度読んでも、一流の水泳選手の泳ぎ方をビデオでどんなに研究しても、その人自身が長時間かけて練習しなければ、上達することはありません。

だから皆さん、人事として、たくさんの経験を積んでください。結果が失敗でも成功でも構いません。経験の上にこそ成り立つものがあります。

そしてその後で、本書をもう一度手にとって読んでいただけると、私の言わんとすることをより深く理解していただけると思います。

あるいは私の言ったことが間違っている、と確信されるほどの経験を積まれたならば、それはそれで「そのきっかけを提供した者」として、無上の喜びです。

人事に関わる皆さんと、この世で働くすべての人にとって、よりよい「仕事」ができるような環境ができますように——微力ながら、心の底から願っています。

（株）人材研究所　曽和利光

■著者略歴
曽和　利光（そわ　としみつ）

株式会社人材研究所　代表取締役社長　組織人事コンサルタント

京都大学教育学部教育心理学科卒。故河合隼雄先生に憧れ、心理学を学ぶ。

リクルート人事部ゼネラルマネジャー、ライフネット生命総務部長、オープンハウス組織開発本部長と人事採用部門の責任者を務め、主に採用・教育・組織開発の分野で実務やコンサルティングを経験。人事歴約20年、これまでに面接した人数は2万人以上。

2011年に株式会社人材研究所設立。現在、人々の可能性を開花させる場や組織を作るために、大企業から中小・ベンチャー企業まで幅広い顧客に対して諸事業を展開中。

著書『知名度ゼロでも「この会社で働きたい」と思われる社長の採用ルール』共著（東洋経済新報社）
DVD『120分でわかる‼就職面接の新常識』（ヒューマンアカデミー）

人材研究所
http://jinzai-kenkyusho.co.jp/

本書の内容に関するお問い合わせ
明日香出版社　編集部
☎(03) 5395-7651

「できる人事《じんじ》」と「ダメ人事《じんじ》」の習慣《しゅうかん》

2014年　6月　16日　初版発行
2016年　10月　15日　第7刷発行

著　者　曽《そ》和《わ》利《とし》光《みつ》
発行者　石野栄一

明日香出版社
〒112-0005 東京都文京区水道2-11-5
電話 (03) 5395-7650（代表）
(03) 5395-7654（FAX）
郵便振替 00150-6-183481
http://www.asuka-g.co.jp

■スタッフ■　編集　小林勝／久松圭祐／古川創一／藤田知子／大久保遥／生内志穂
営業　渡辺久夫／浜田充弘／奥本達哉／平戸基之／野口優／横尾一樹／田中裕也／関山美保子／藤本さやか　財務　早川朋子

印刷　美研プリンティング株式会社
製本　根本製本株式会社
ISBN 978-4-7569-1703-4 C2034

編集担当　久松圭祐

ISBN978-4-7569-1613-6

「できる経理マン」と「ダメ経理マン」の習慣

佐藤　昭一

B6判　240頁　本体1400円＋税

できる経理マンとできない経理マンの差はほとんどない。ちょっとした習慣の違いだけである。

経理マンとしての心得と、経理作業を効率化し正確で速く作業ができる方法を50項目で紹介。

人気税理士が教える、頼れる経理マンになるための必携の書。

ISBN978-4-7569-1649-5

「仕事が速い人」と「仕事が遅い人」の習慣

山本　憲明

B6判　240頁　本体1400円＋税

毎日仕事に追われて残業が続き、プライベートが全然充実しない・・・・・そんな悩みを抱えているビジネスパーソンのための1冊。「仕事が速い人」と「遅い人」の差なんてほとんどありません。ほんの少しの習慣を変えるだけで、劇的に速くなるのです。

サラリーマンをしながら、税理士・気象予報士をとった著者が、「仕事を速くできるためのコツと習慣」を50項目でまとめました。著者の経験を元に書かれており、誰でも真似できる実践的な内容です。

ISBN978-4-7569-1575-7

「伸びる社員」と「ダメ社員」の習慣

新田　龍

B6判　240頁　本体価格1400円＋税

仕事を一生懸命しているのだが、なかなか結果が出ず、評価されない。そんな悩みを持っているビジネスパーソンは多いのではないでしょうか。でも、デキるビジネスマンとそうでないビジネスマンの差はほんの少ししかありません。

誰でもできるのに、やっていない50の習慣を身につけることで、会社にとって必要不可欠な人材になるとともに、どこへ行っても通用するビジネスパーソンになることができます。

ISBN978-4-7569-1608-2

「できる上司」と「ダメ上司」の習慣

室井　俊男

B6 判　240 頁　本体1500 円＋税

部下が育たない、チームの雰囲気が悪い、目標達成ができない……そんな悩みを持っている上司は多いのではないでしょうか。何とかそれを解決しようと、日々必死に活動しているのだけれど、なかなか結果がついてこない。その理由はちょっとしたことがかけているからなのです。本書を読めばそのちょっとしたことに気づき、信頼される上司になるための方法が 50 項目収録されています。

ISBN978-4-7569-1675-4

7日で作る　新・人事考課 CD-ROM付

平康　慶浩

A5判　296頁　本体価格2200円＋税

中小企業の経営者や、人事部（人事部がない会社の場合、社長室や経営企画室、総務部）幹部が、人事制度改革を導入・提案するにあたり短期間でしくみと流れを理解し、自社に最適な形を考え自身で設計し、実際に導入できるまでサポートする。

CD-ROM付で、必要な書式集・規定サンプル・簡易シミュレーションを手に入れられて、自社に合った制度の構築がすぐにできる。